国家社会科学基金重大项目（17ZDA323）核心成果

"十三五"国家重点图书出版规划项目

21世纪学习与测评译丛·杨向东　主编

Transforming Schools: Using Project-Based Learning, Performance Assessment, and Common Core Standards

［美］鲍勃·伦兹（Bob Lenz）

［美］贾斯汀·威尔士（Justin Wells）　　　著

［美］莎莉·金斯敦（Sally Kingston）

变革学校：
项目式学习、表现性评价和共同核心标准

周文叶　盛慧晓————译

湖南教育出版社　WILEY

"21世纪学习与测评译丛"编委会

总　序

　　21世纪，人类已然跨入智能时代。科技正以史无前例的速度发展。未来学家雷·库兹韦尔曾预言，到2045年，人工智能将超越人类智能，到达人类发展的奇点。人工智能技术的飞速发展，给全球的经济模式、产业结构、社会文化生活带来了深远的影响。技术进步导致世界范围内经济模式从大工业时代进入信息时代，以创新驱动为特征的知识经济已成为现实。有研究表明，自20世纪60年代伊始，以体力劳动为主、有固定工作流程与规范的行业或职业正在逐渐被人工智能所取代，而需要审慎判断新情况、创造性解决陌生问题或任务的行业却大幅上升。人们不仅会在工作中越来越多地身处充斥着高新科技的环境，日常生活也变得越来越技术化和智能化。在教育领域，人工智能机器人可能会比人类教师更加准确地诊断学生在知识或技能上存在的不足，提供更有针对性的学习资源和支持。

　　工作环境与社会环境的变化给人力资源和个体生活带来了新的挑战和要求。就像今天的个体必须掌握人类的文字一样，信息技术素养成为智能时代公民的根本基础。与此同时，批判性思维、创新、沟通和交流、团队协作成为21世纪里个体适应工作和社会生活的必备能力。随着工作性质和社会生活变化速度的加快，个体将不可避免地面临更多复杂陌生的任务或场景，个体需要学会整合已有知识、技能、方法或观念，审慎地判断和分析情境，创造性地应对和解决问题，能够同他人协作开展工作和完成任务。生活流动性增加，需要个体适应多元异质的社会和环境，学会与不同文化、地域和背景的群体进行沟通和交流。日益加速的工作和社会变化，需要个体具备学会学习的能力，能够尽快适应新环境，成为有效的终身学习者。

　　新的时代要求我们重新认识教育的价值，重新思考21世纪学习的性质和特征。对学习性质的认识曾经历不同的阶段。20世纪初，在桑代克的猫反复尝试错误而试图逃离迷笼的时候，心理学家就试图从动物身上获取人类学习的机制。受此影响，行为主义将学习理解为刺激与反应之间的连接。从早期经典的条件反射到后期斯金纳的操作条件反射，行为主义者想通过强化机制和条件反射的结合，实现对人类学习的控制。这种以动物为隐喻的学习理论显然不适用于人类。20 世纪六七十年代，学习的信息加工理论兴起。以计算机为隐喻，人类个体被视为一个信息加工系统：长时记忆是人的"硬盘"，存储着各种类型的知识、表象或事件；感官是人的"外接端口"，从周边环境获取各种刺激或输入；工作记忆是人的"CPU"，在此实现信息编码、匹配、组织等各种心理操作。此时，学习被认为是一种人的内在心理过程，主要是如何对信息进行编码或组织以解决问题。这是一种个体的、理性的和客观主义的学习观。自 20 世纪 80年代以来，在杜威、皮亚杰、布鲁纳、维果茨基等学者的思想启蒙和影响下，建构主义和社会文化观对学习领域产生了深刻的影响，对学习的认识回归人的内在本性。此时的学习被认为具有如下特征：

（1）主体驱动性（agency-driven）：人具有内在的发展需求，是能动的学习者，而非被动接受客观的知识。（2）情境化（situated）：知识呈现于相关的情境中；通过情境活动，发现并掌握知识。（3）具身性（embodied）：学习并非外部世界的心理表征，只需依赖知觉和理性即可把握；学习是在学习者（身心）与世界互动过程中展开的。（4）社会文化限定性（social-culturally shaped）：学习始终是在特定社会和文化场域中发生的实践活动；社会互动和协作不仅是促进学习的影响因素，更是学习的本质所在；文化形成于并反过来塑造了学习者的活动、观念（知识）和情境。

在新的观念下，学习越来越被认为与特定社会文化不可分割，与学习者及其所处群体的现实生活和经验不可分割，与学习者的认知和自我、动机、情感、人际互动等不可分割。进入 21 世纪，该领域越来越强调在现实世界或虚拟现实场景下，个体、社会、文化等方面的动态整合和互动，强调整合观下正式和非正式学习环境及课程的创设，关注儿童在解决真实问题和参与真实性实践的过程中认知、情感、社会性、认识论及价值观的发展。近几十年来西方涌现出来的合作学习、项目式学习、问题式学习、抛锚式教学法、认知学徒制、设计学习、创客等新型学习方式，都与这种观念的转型有着深刻的内在关联。

新型学习观对测评范式和路径产生了深远影响。面向 21 世纪的测评不再限于考查学习者对特定领域零碎知识或孤立技能的掌握程度，而更为关注对高阶思维——如推理和劣构问题解决能力——的考查，关注学习者在批判性思维、创新、沟通和交流、团队协作等 21 世纪技能上的表现。在测评任务和方式上，新型测评更为注重真实情境下开放性任务的创设，强调与学习有机融合的过程性或嵌入式（embedded）的测评方式，在学习者与情境化任务互动的过程中收集证据或表现。借助现代信息和脑科学技术，测评数据也从单一的行为数据向包含行为、心理、生理、脑电波等方面的多模态数据转变。所有这些，对测评领域而言，无论是在理论、技术层面还是实践层面，都带来了巨大变化，也提出了新的挑战。

自 21 世纪初经济合作与发展组织（Organization for Economic Co-operation and Development，OECD）发起"核心素养的界定和选择"项目以来，世界上各个国家、地区或国际组织都围绕着培养应对 21 世纪生活和社会需求的核心素养或 21 世纪技能进行了一系列教育改革。2018 年 1 月，教育部印发《普通高中课程方案和语文等学科课程标准（2017 年版）》的通知，开启了以核心素养为导向的新一轮基础教育课程改革。本质上，核心素养是 21 世纪个体应对和解决复杂的、不确定性的现实生活情境的综合性品质。以核心素养为育人目标蕴含了对学校教育中学习方式和教学模式进行变革的要求。核心素养是个体在与各种复杂现实情境的持续性互动过程中，通过不断解决问题和创生意义而形成的。正是在这一本质上带有社会性的实践过程中，个体形成各种观念，形成和发展各种思维方式和探究技能，孕育具有现实性、整合性和迁移性的各种素养。它要求教师能够创设与学生经验紧密关联的、真实性的问题或任务情境，让学生通过基于问题或项目的活动方式，开展体验式的、合作的、探究的或建构式的学习。

课程改革的推进，迫切需要将 21 世纪学习和测评的理念转化为我国中小学教育教学的实践。"21 世纪学习与测评译丛"正是在这种背景下应运而生的。针对当前的现实需求，译丛包含了面向 21 世纪的学习理论、新一代测评技术、素养导向的学校变革等主题。希望本套丛书能为我国基础教育课程改革研究和实践提供理念、技术和资源的支持。

本译丛曾得到教育部基础教育课程教材专家工作委员会副主任朱慕菊女士和杭州师范大学张华教授的鼎力支持，在此向他们表示衷心的感谢。

杨向东

2019 年 2 月 20 日

作者简介

鲍勃·伦兹（Bob Lenz）是维思创新教育的创始人和首席专家，是高中学校再设计、深度学习、项目式学习、21 世纪技能教育和表现性评价领域公认的领导者。

2002 年第一所维思学校成立之后，鲍勃又带领大家在湾区办起了 3 所高水平的学校；同时通过"维思学习伙伴"平台，运用维思模式培训了一大批教育者。目前，相较于整个加州 40％的大学入学率，维思学校学生的入学率超过 90％；相较于全国 60％的大学持续率，维思学校学生的持续率为 85％。

为了扩大对教育的影响，鲍勃领导维思成立了"维思学习伙伴"。通过这个平台，全国各地的教育领导者携手创造充满活力的学校，成功地帮助所有学生做好大学、职业乃至生活的准备。作为维思创新教育的首席专家，鲍勃致力于将维思模式推广到全国各地，引领了有关学校变革和学生成功的全国性对话。

鲍勃是家中第一位获得大学学位的人，他于圣玛丽大学获得文学学士学位，于旧金山州立大学获得教育硕士学位。

贾斯汀·威尔士（Justin Wells）是第一所维思学校的首批教师，在那里他帮助开发了维思毕业生档案和答辩体系。9 年来，他不仅承担英语教学任务，还领导教师团队设计并开展了多学科的学期项目。这些项目获得了大家的认可，美国广播公司、旧金山公共广播电台对其进行了新闻报道，巴克教育研究院、斯坦福大学、甲骨文教育基金会和 21 世纪技能伙伴联盟也对其进行了研究。在这个过程中，贾斯汀还担任了斯坦福大学评价、学习和公平中心的副主任，为智慧平衡评价联盟设计表现性任务样例。目前，他担任"维思学习伙伴"的顾问和培训师，帮助学校和学区在深度学习和项目式学习的理论指导下开发表现性评价体系。

莎莉·金斯敦（Sally Kingston）是应用工程管理公司的高级教育分析师。她拥有超过 25 年的教学和领导经验，其中包括担任"维思学习伙伴"的执行董事。她为 21 世纪技能伙伴联盟撰写有关教育的书籍，与人合作撰写了《领导学校：区分本质与重要性》（*Leading Schools：Distinguishing the Essential from the Important*）和《我们需要的领导力：利用研究加强管理者培养及入职项目的标准使用》（*The Leadership We Need：Using Research to strengthen the Use of Standards for Administrator Preparation and Licensure Programs*）。她在加利福尼亚大学圣巴巴拉分校获得教育学硕士学位、教育领导和组织博士学位。2008 年，她荣获"杰出校友"称号。

中文版序

在上一代——哪怕就是近 10 年里，世界发生了翻天覆地的变化。我们的生活通过技术、全球经济和社交媒体变得更加紧密相连。我们意识到人类所面临的挑战的复杂性已经大幅增长——从气候变化到地区冲突和粮食分配的问题。工作领域也在迅速变化。越来越多的任务正在实现自动化——从制造到驾驶，再到编写数据报告。此外，合作已经成为常态——信息时代的大多数人都在团队中工作。最后，世界已经变成以项目为基础的了。在美国，40％的人的工作都是合同制，从一个客户项目转移到另一个客户项目。预计到 2025 年，合同制工作的人数占比将增长到 60％。即使是在传统公司，绝大部分的工作也都是项目式的。随着世界的急剧变化，学校也会发生改变。然而，在大多数情况下，我们依然按照 100 多年前的方式来教育当下的年轻人。

自 2015 年《变革学校：项目式学习、表现性评价和共同核心标准》（以下简称《变革学校》）一书首次出版，我开始担任巴克教育研究院的执行董事。巴克教育研究院的使命是培养教师设计和促进高质量项目式学习的能力，帮助学校领导者为教师提供条件，支持教师与学生共同做出优秀的项目。在过去的 3 年里，我有机会向世界各地的人们——年轻人和年迈者、教育家和商界领袖、社区领导者和学生家长——提出这样的问题："鉴于世界的变化，成功需要哪些技能和特质？"令人惊讶的是，无论我在什么情况下问这个问题，所有人都给出了一致的回答：需要学术知识和技能、合作、沟通（口头、书面和视觉）、批判性思维和解决问题的能力、项目和自我管理、创造力与创新和自主意识等来应对生活和世界的挑战。我的观点已经得到了广泛认同，《变革学校》中强调的更深层次的学习结果不仅适用于教师和学校领导，更适用于全球的广大读者。

由于过去 25 年里世界的急剧变化以及学生们达成更深层次的学习结果的必要，

《变革学校》被翻译成中文，这令贾斯汀·威尔士、莎莉·金斯敦和我都非常激动。很高兴我们的学校改革理念、阐述学校变革潜力的故事以及我们所分享的工具将影响更广泛、更多样化的读者。自《变革学校》出版以后，已有三届学生从维思学校毕业。这些学生的大学入学率高达99%，其中超过80%的人接受了四年制大学教育，而在大学入学第一年仍然保持着85%的持续率。此外，现由贾斯汀领导的"维思学习伙伴"项目已遍及美国的数百所学校和成千上万的美国学生，这些学校和学生将深度学习应用于他们的项目工作中。莎莉加入了巴克教育研究院并担任研究和证据中心主任。在过去的一年里，巴克教育研究院与美国和世界各地近2.5万名教师及教育领导者共同合作。

　　莎莉、贾斯汀和我向你们献上最诚挚的祝福，祝愿你们在中国享受学校变革之旅。

Bob Lenz

巴克教育研究院执行董事

序 言

　　这本书的重要之处在于它描述了一些对高中生而言非常不同的教学方法。相对于目前学校广泛使用的传统方法来说，这些方法显得更为成功。鲍勃·伦兹和他的同事们深知仅仅帮助学生做好考试的准备远远不能达到良好教育的要求，他们一直专注教授和评价 21 世纪工作、学习所需的最重要的技能。他们提供给学生真实并具有挑战性的任务以激发学生，他们评价学生的作品档案袋以确定学生是否做好大学准备，他们要求每位学生呈现自己的作品并为此进行答辩。尽管这些方法充满挑战且要求苛刻，但重要的是，他们对学困生而言尤为有效。

　　在本书的介绍部分，作者给出了为什么一个迥然不同的教学方法于今天而言必不可少的原因。但根据我的经验，许多教育工作者、家长和社区领导人并不完全清楚，如果我们不提出有关学校的新愿景，这会对我们的学生和国家产生怎样的经济后果？

　　2008 年初的全球经济危机使许多工种加速消亡。麻省理工学院的经济学家埃里克·布林约尔松（Erik Brynjolfsson）和安德鲁·麦卡菲（Andrew McAfee）在他们的著作《第二个机器时代：辉煌科技时代的工作、进步和繁荣》（*The Second Machine Age：Work，Progress，and Prosperity in a Time of Brilliant Technologies*）一书中，讨论了工作自动化步伐的加快。6 年前，没有人能想象机器能完成类似在交通拥堵的路段驾驶这样复杂的任务，但如今，谷歌无人驾驶汽车已经证明了这一点。并且电脑也能编写复杂的财务报告，也能在国际象棋比赛和《危险边缘》中战胜人类。

　　尽管大众媒体报道了失业率下降的好消息，但现实是，越来越多的人，尤其是年轻人，已经放弃了找工作。2014 年春天我写这篇文章时，有工作或正在找工作的美国人占 63％，这创下了自 20 世纪 70 年代末妇女开始大量进入劳动力市场以来的最低点。其中，二十几岁的年轻人受到的打击最为严重，约 1/5 的年轻人既没有上学也没有工作。

失业率并不能说明就业岗位的质量。近年来创造的工作岗位绝大多数是工资最低的服务类和销售类的工作。经济学家告诉我们，所有这些趋势带来的结果，是富人与其他人的差距自 1929 年以来达到最大。

在历史上，相比高中毕业生，大学毕业生更容易找到工作，收入也远远超过高中毕业生。为此，越来越多的年轻人选择上大学来应对就业危机也就不足为奇了。的确，许多决策者和教育者宣扬所有的高中毕业生都应该做好上大学的准备。这就使这个国家的大学入学率达到了史上最高。

然而，越来越多的证据表明，供养孩子上大学或许并不是很好的投资。自 2000 年以来，大学学费增加了 72%，而 24～35 岁的年轻人收入下降了近 15%，中等家庭的收入下降了 10%。为了缩小这一差距，学生和他们所在的家庭相比以往要借贷更多的钱。美国近期的大学学费债务比信用卡债务多出了 1 万亿美元。应届毕业生所在的家庭平均总债务超过 3 万美元。

这是针对他们全部能毕业的情况下来说的。但大学并没有采取任何措施来阻止可怕的退学率。在读大学生大约只有一半能获得学位。弱势学生所就读的社区大学的完成学业率低于 30%。

还有就是应届毕业生的就业前景问题。应届大学毕业生的失业率和不充分就业率（underemployment rate）为 53%，比一年前略有上升。很多的大学毕业生发现，他们唯一能得到的工作并不需要学士学位，雇主也不支付他们大学毕业生级别的工资。我们就政府债务谈了很多，但我最担心的还是大学毕业生的债务问题，这是个人债务中唯一不能靠申请破产而消除的债务。

应届大学毕业生就业前景黯淡的同时，雇主认为大学毕业生并不能填补高技能工人的空缺。这是因为大学生在校所学和雇主所需两者严重不匹配而造成的。这不仅仅是大学生选错专业的问题。雇主表示他们并不关心求职者在大学所学的专业，他们所关心的是求职者所拥有的技能。根据美国大学协会（Association of American Colleges and Universities）对雇主展开的调查，绝大多数的雇主（93%）都认为，求职者所具有的批判性思维、交流和解决复杂问题的能力比他们大学所学的专业更加重要。[①] 我在《全球成就鸿沟》（*The Global Achievement Gap*）一书中所写的七项生存技能对雇主而

① Hart Research Associates. (2013). It takes more than a major: Employer priorities for college learning and student success. Retrieved from http://www.aacu.org/leap/documents/2013_ EmployerSurvey.pdf

言比以往任何时候都重要。

这些技能是必需的，但却远远不够。如今的雇主希望能从员工那里得到更多的东西。商界的领袖一次次告诉我，他们想要的是"能找到答案"的员工——能创造性地解决问题者或创新者。在最近出版的《创造创新者：造就改变世界的年轻人》(*Greating Innovators：The Making of Young Reople Who Will Change the World*）一书中，我探讨了父母和教师应该如何培养这些能力。我所描述的最能成功培养当今创新驱动经济所需技能的教学方法，事实上，正是鲍勃和他的同事正在使用的方法。

在访谈二十几岁的能创造性解决问题的年轻人时，最引人注目的一项发现是，尽管他们出身一流的大学，但不是因为这些大学成就他们成为创新者。哈佛、麻省理工、斯坦福和卡耐基梅隆大学的学生都告诉我们，鲜有老师对他们的发展起了很大的作用。

太多的大学毕业生在大学期间并没有学到任何重要的技能。在最近一项面向 24 个学院 2 300 名本科生的研究中，理查德·阿鲁姆（Richard Arum）和乔斯帕·洛科萨（Josipa Roksa）分析了有关大学生在学习评价中的数据。这是一个有关写作、问题解决和批判性思维技能的先进测试。他们发现，45％的大二学生与刚进入大学的时候相比，批判性思维或有效沟通的能力并没有增强。他们所写的《学术漂泊》(*Academically Adrift*）一书迫使我们从根本上去重新思考大学教育的本质以及结果问责。

雇主们开始意识到，学生的大学成绩单、平均学分绩点（Grade Point Average，GPAs）和考试成绩并不能很好地帮助他们预测员工的价值。谷歌一度以只雇用一流大学平均学分绩点和考试成绩最高的学生而闻名。但是最近，谷歌高级人事部副总裁拉兹罗·博克（Laszlo Bock）在采访中表示，这些数据对预测员工的效能"毫无价值"。该公司目前正在寻找有关使命感和个人自主性的证据，并且越来越多地聘用那些没有大学学历的员工。他们在面试中所采用的问题与以往相比也发生了变化。过去，谷歌的面试官会问准员工一些类似脑筋急转弯的问题，比如多少个乒乓球能让你获得 747 分或加拿大有多少头奶牛。但现在，面试官会要求准员工谈谈有关最近他们正在试图解决的复杂的分析性问题的见解。[1]

---

[1] See Bryant, A. (2013, June 19). In head-hunting, big data may not be such a big deal. New York Times. Retrieved from http：// www. nytimes. com/2013/06/20/business/in-head-hunting-big-data-may-not-be-such-a-big-deal. html? page wanted＝all＆_r＝0. Also see Lohr, S. (2013, April 20), Big data, trying to build better workers. New York Times. Retrieved from http：// www. nytimes. com/2013/04/21/technology/big-data-trying-to-build-better-workers. html? pagewanted＝all

正如许多人所说，我们的学校并没有倒闭，但是过时了。我们花费太多时间去关注如何教授和测试内容性的知识，而这些知识如果我们需要，通过互联网检索就能获取。知识如同空气，已成为免费的商品，所以世界不再关心我们的学生知道了多少，转而关注我们的学生运用他们所学的知识能做什么。

近期斯坦福教育机会政策中心（Stanford Center for Opportunity Policy in Education，SCOPE）的研究结果显示[1]，维思学校成功地让所有学生做好了上大学的准备。其实他们所做的远不止这些。他们通过项目式学习使学生具备了"创新准备"所需的技能，让他们做好了准备以应对 21 世纪持续学习和公民身份所带来的复杂挑战。最后，维思学校在重新建构 21 世纪学校的"教育研究与发展"中做出了重大的贡献。

托尼・瓦格纳[2]

---

[1] Cook-Harvey,C.M.（2014）.Student-centered learning:Impact Academy of Arts and Technology.Stanford,CA:Stanford Center for Opportunity Policy in Education (SCOPE)；Lewis-Charp,H.,& Law,T.（2014）.Student-centered learning:City Arts and Technology High School.Stanford,CA:Stanford Center for Opportunity Policy in Education (SCOPE).

[2] 托尼・瓦格纳目前是哈佛大学创新实验室的常驻专家，著有 5 本书。此前，他是哈佛教育学院改变领导小组的创始人，并担任负责人长达 10 年。

致　谢

如果没有维思的创始人丹尼尔·麦克劳克林（Daniel McLaughlin）和早期维思学校的董事会与员工，就不会有维思，更别提这本书的问世。感谢丹尼尔和所有维思的创始人坚信学校可以改变生活。

我们感谢所有维思的教师、领导和学生，是他们的实践共同创造了这个学校变革模式。仅仅拥有学校变革的愿景只成功了一半，我们的同事和学生用血汗和眼泪使之成为现实。

合理可行的学生深度学习评价体系是维思教育的核心，这归功于我们的合作伙伴——斯坦福大学评价、学习和公平中心对我们的帮助。感谢琳达·达令-哈门德（Linda Darling-Hammond）和瑞·皮切诺（Ray Pecheone）相信并支持我们的愿景，感谢露丝·钟·薇（Ruth Chung Wei）编制了大量的评价工具来推动我们的评价体系。

维思起源于加利福尼亚州圣安瑟莫市的圣弗朗西斯·德雷克爵士高中，因而本书也诞生于此。感谢这所中学的同事和导师们，他们的工作激励了全美乃至世界各地的教育工作者对学校和学习进行重新思考。

感谢我们的编辑凯特·布拉德福（Kate Bradford），她积极的态度激励我们永不放弃。感谢托尼·瓦格纳（Tony Wagner）对我们工作的肯定，推动我们进一步去思考。

最后，感谢家人和朋友在我们致力于本书的写作与维思事业中所做出的牺牲及带来的灵感。没有你们，我们根本无法做到这一切。我们爱你们！

目　录

第四章　变革学校文化 ·······················090

改变学生生活需要一种文化，即坚信变革的可能性。本章我们阐述如何孕育一种深度学习的文化。

第五章　变革学校体系 ·······················111

没有支持结构，学校的使命就是纸上谈兵。本章我们概述支持深度学习的学校结构，包括导师制、项目规划、共同规划时间、社区会议、学生实习和评定等级等。

第六章　促进深度学习的领导力 ·······················133

作为学校使命的负责人，领导者必须保证学校各组织阶层的统一性和连贯性。本章我们提供关于如何引导学校变革的哲学层面和实践层面上的建议。

第七章　号召行动 ·······················146

一次行动是多数人可以达到的一小步。本章介绍三种方法，以此迈向深度学习的第一步。

引言　为什么需要深度学习

大学的第一年很神奇，我用到了你们在这儿教的每一样东西，每一样！

——维思学校毕业生（2011）

你或许听到过这样的言论，或者你自己已得出了这样的结论：世界在不断地变化，而我们的学校却没有跟上世界变化的步伐。

很多著作都为我们提供了令人信服的论据。或许在某些问题上还存在不同的观点，比如：我们如何得出这样的结论？这个复杂问题的哪一方面最为紧迫？然而那些担心学校教育的人都指出了同一个事实：美国的公共教育系统曾经引领世界，但是如今行在半

有关教育变革需求的经典著作

泰德·森泽（1985），《霍拉斯的妥协》

　Ted Sizer（1985），*Horace's Compromise*

黛博拉·梅尔（1995），《思想的力量》

　Deborah Meier（1995），*The Power of Their Ideas*

琳达·达令-哈门德（1997），《学习的权利》

　Linda Darling-Hammond（1997），*The Right to Learn*

大卫·康利（2005），《大学知识》

　David Conley（2005），*College Knowledge*

托尼·瓦格纳（2008），《全球成就鸿沟》

　Tony Wagner（2008），*The Global Achievement Gap*

途就已经气喘吁吁了。这个系统曾为打破阶级和种族的壁垒而建立，而今却牵涉于壁垒重建之中。随着全球化和技术的进步，那些创造和形塑美国中产阶级的工作在我们眼前消失了。不喜欢学校的孩子的数量令人不安，辍学孩子的数量同样令人痛心。尽管改革已经涉及很多代人，但典型的学生日常课堂经验在 100 年后的今天几乎没有改变过。

这是本书最关注的一个事实，不是因为这个事实更重要，而是因为教育者可以有针对性地开展具体的行动。这也是容易被忽略的事实。最近几年，教育问题引发了激烈的争论。你或许会认为是变革的方向而非变革的缺失引发了人们的愤怒，但是检查一下那些热门的标签：测试、任期、教师评价、特许学校、教育券、预备法、工会、橡胶房、"不让一个孩子掉队"（No Child Left Behind，NCLB）……尽管这些争议刺激了大人们的神经，但是它们并没有让美国典型学校的学生生活泛起涟漪。哈佛的教育学教授贾尔·梅塔（Jal Mehta，2013）对近百年来的教育进行了总结："总体而言，我们仍然拥有同样的教师，承担同样的角色，具备同样的知识水平，在同样的学校，用同样的教材，获得同样的家长支持力度。"

这本书写给那些赞同学校应该变得不一样，并且在思考如何使学校变得更好的读者。这是一本关于学校设计的书。要解决美国的教育问题，学校设计不是唯一需要改变的事，而是需要改变的最根本的一件事，也是我们的经验证明了的一件事。

一、关于维思教育和作者

十几年前，鲍勃领导的一所综合性高中的创新研究院受到了赞誉。之后，他创立了第一所维思学校（Envision Schools），致力于实施表现性评价和项目式学习。在第一幢教学楼建成之前，他就聘请了一支教师队伍，其中贾斯汀是受聘的第二位老师。

开学前的那个夏天，那幢教学楼落成但里面空空如也。有两个月的时间，我们坐在空荡荡的教室的地板上设计我们的学校。就是这次最初的设计才发展成后来的三所学校、一个小型的特许管理组织（charter management organization）、一个教育咨询部门以及您手上的这本书。

　　在这个发展的过程中，维思学校因其表现性评价的创新、毕业生档案系统、项目式学习中所采用的严格而整合的方法、工作场所实习和个性化学习的环境在全国范围内得到了认可，它使得在统计意义上不太可能上大学的学生成功地步入大学。我们学校接收低收入家庭的学生（几乎 70％的学生具有减免午餐的资格）和父母没有上过大学的学生（几乎 80％的学生会成为他们家里的第一位大学毕业生）。表 I.1 是维思学校具体的人口统计数据。

　　大学成功是我们给学生定下的目标，也是衡量我们学校表现的标准。斯坦福大学研究者出版的有关我校的个案研究（Cook-Harvey，库克-哈维，2014；Lewis-Charp & Law，刘易斯 - 查普和劳，2014）发现，维思学校毕业生上大学和读完大学的比例都远远超过人口统计学意义上的同龄人。影响力学院（Impact Academy，一所维思学校）2012 届毕业生中 100％的非裔美国学生和拉丁美洲学生完成了加州大学或加州州立大学入学资格所要求的课程；而在整个州范围内，这个比例分别为 34％和 39％。全国只有 8％的低收入家庭学生在 25 岁左右获得了学士学位（Mortenson，莫滕森，2010）。在我们的城市艺术与科技高中（City Arts and Tech High School，CAT），72％的 2008 届毕业生和 85％的 2009 届毕业生坚持到了大学的第四年、第五年或者成功毕业。图 I.1 提供了维思学生高校持续率（college persistence rates）与全国平均水平相比较的具体信息。

表 I.1　维思学校人口统计（2013—2014 年）

拉丁美洲人	57％
非裔美国人	23％
白种人	7％
亚洲人及太平洋岛民	3％
其他	10％
英语语言学习者	11％
减免午餐者	69％
家庭里第一位大学毕业生	79％

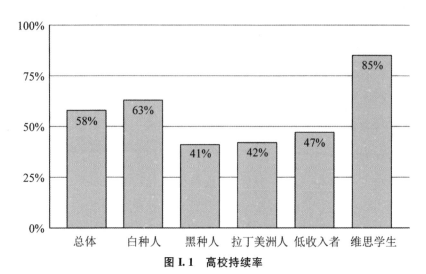

图 I.1   高校持续率

注：全国性的数字表示在四年制大学学习并在六年内获得学士学位的学生比例（2004—2009）。改编自 *Persistence and Attainment of 2003 - 4 Beginning Postsecondary Students：After 6 Years*，by A. W. Radford，L. Berkner，S. C. Wheeless，and B. Shepherd，2010，Washington，DC：National Center for Education Statistics. Retrieved from http：// nces. ed. gov/pubs2011/2011151.pdf. 维思学校的数字表示所有大学在读或者已经获得学士学位的维思校友的比例。数据来自全国学生信息中心（National Student Clearinghouse）。

"维思学习伙伴"（Envision Learning Partners，ELP）在这样的成功中诞生，成为维思教育的一个组织。国内许多学校和学区受到我们学校设计及成果的鼓舞，与"维思学习伙伴"建立了伙伴关系（莎莉在 2013—2014 年间担任执行董事）。现今，"维思学习伙伴"与 7 个州的老师和学校有直接的合作（纽约、特拉华、华盛顿、马萨诸塞、密歇根、加利福尼亚和夏威夷），影响了 1 万多学生。另外，我们还支持几个大的学校系统，包括洛杉矶联合学区（Los Angeles Unified）、底特律教育成就管理局（Educational Achievement Authority in Detroit）、萨克拉门托市联合学区（Sacramento City Unified）、奥克兰联合学区（Oakland Unified）以及美国教育部"力争上游"学区竞赛（US Department of Education's Race to the Top-District competition）的获奖者。

二、"共同核心"不是障碍而是机会

维思顶着巨大的时代压力完成了这一切。这个组织成立于 2001 年，也是"不让一个孩子掉队"法案通过之时。这个法案在扩大成就差距意识的同时也窄化了美国学校的教育目的,局限于用数字的增长来说明学生的读写和计算能力。与许多学校一样(我们绝不是孤军奋战),维思将学生的成功定义得更远大,也更鼓舞人心。对我们而言,教育是让学生获得大学和生活的成功,但我们从不认为标准化测试会带我们达成这个目标。在完成"不让一个孩子掉队"法案的要求之外,我们还坚持建校的理念,致力于学生的深度学习(这个稍后详述)。

如今,我们已经进入了问责 2.0 时代。表现性评价成为"趋势",且发展迅速。这个几十年来(尤其是过去 10 年)被一些高瞻远瞩的教育者推崇备至的概念如今变成了全国学校的实践主流。

这都是因为有了新的共同核心州立标准(Common Core State Standards,CCSS。简称"共同核心")。令人难以置信的是,仅仅几年,就有 43 个州和地区采用了"共同核心","共同核心"成为一套实际意义上的有关数学、阅读和写作课程的国家标准。

这么多州这么快接受"共同核心"是许多因素共同作用的结果,但是最重要的是人们日益认识到"不让一个孩子掉队"法案的颁布虽然出于好意,但其强调问责的同时并没有提供任何教育愿景。法案将重心放在"重视"这种行为上,却很少关注"被重视的内容"。在法案通过之前,一些州就设立了很高的标准,并且在法案通过之后仍然坚持,但更多的州在法案颁布之后,开始用填涂测试题(bubble tests)来测试所教内容。目前,我们有 10 年的证据来支撑"所教即所考"这句格言。当用填涂测试来定义教什么的时候,我们窄化也浅化了课程。

联邦的压力当然为"共同核心"的普及起到了很大的作用,但是如果"共同核心"所强调的"为了让学生在 21 世纪取得成功,我们的孩子不仅需要学习知识和基本的应试技巧,更需要进行深度学习"没有得到强烈认可的话,"共同核心"就不可能成为潮流。

"共同核心"要求的改变是相当大的,但绝不是激进的。"共同核心"可以归纳为两个基本理念:

1. 学校的首要目标是做好大学和职业准备。

2. 高阶思维技能、交流技能和概念理解如果不比事实性知识更重要,就至少跟事实性知识同等重要。

"共同核心"是变革的重要主体吗?是的。但它是变革的驱动力吗?不是。"共同核心"只是紧跟教育的方向，而不是设置教育的方向。包括我们学校在内的许多学校，在标准存在之前就与"共同核心"保持了一致。我们应该正确地认识"共同核心"，把它视为一个机会而非让人遵从的障碍，是它使教育者更容易地去做他们一直以来想做的事情。

新一代的评价即将到来。到 2014—2015 学年结束，标准化测试由两大主要的评价联盟——智慧平衡评价联盟（Smarter Balanced Assessment Consortium，SBAC）和大学与职业准备评价联盟（Partnership for Assessment of Readiness for College and Careers，PARCC）——接手管理，这与以往的测试有所不同。新的表现性评价将用来评价课堂中的高阶思维的技能、探究、论证、建模、数据分析、跨课程阅读，甚至是听说能力〔我们知道，作为一名斯坦福的教育研究员，贾斯汀也是智慧平衡评价联盟的一员，他提供了表现性任务（performance tasks）原型〕。

很多教育者欢迎即将到来的挑战，但同时也需要帮助。在"不让一个孩子掉队"法案限制的狭小空间里工作了 10 年，老师和学校领导迫切需要工具、案例和指导，以帮助他们引领学生进入新一代的评价，最终进入 21 世纪。

这本书就是对此需求的回应。

三、深度学习

简单地说，这本书所要传达的信息是：

- 为学生界定统一的、学校范围的、任务水平的学习结果；

- 从目标开始逆向设计；

- 依靠表现性评价和项目式学习达成目标。

显而易见，任何人，甚至是与学校关联很少的人都知道，除了这三个步骤，还有很多事情需要做，其复杂性存在于细节之中（分布于本书的 7 个章节中）。但是，我们之所以能将信息提炼成仅用三个步骤，是因为它们是一个连贯的运作系统。

"深度学习"（Deeper Learning）是我们（和其他人）用来命名学校设计这个连贯系统的术语，是目标（或预期结果）的陈述、特定方法（或教学法）的运用以及信念（或原理）的声明。

深度学习的素养

休利特基金会（Hewlett Foundation）是一个具有前瞻性的组织，这个基金会采用深度学习来推进教育事业。维思教育已经成为休利特深度学习网（Hewlett's Deeper Learning Network）的领航者。

休利特的预期学生学习结果列表是全国各地富有思想的教育者们所列的学生在21世纪的应知与应会：

- 掌握核心的学术内容；
- 批判性思考并解决复杂问题；
- 协同合作；
- 有效沟通；
- 学会学习；
- 发展学术思维。

我们会在第一章和第二章界定我们学校的目标，然后在接下来的章节详细说明方法，其背后的一套教育理念则渗透于整本书中。我们在这里列出那些信念，这样你就能更好地看清它们是如何指导我们的学校设计的。

- 坚持深度超越广度（depth over breadth）；
- 创造新事物；
- 关注现在，而不仅仅是将来；
- 能讲述有关学习的故事；
- 通过"和谐"的组织得以最好的实现。

我们将这些当作我们设计的原理。

（一）深度学习坚持深度超越广度

长期以来，老师们一直在学习的深度和广度之间纠结。

这是一个艰难的选择，难到让人试图去逃避它，或是把它当作虚假的选择不予考虑，或认为这是一个可以通过过程中的修修补补就会消失的困境。也许我们不必在是覆盖更多的内容还是聚焦一个特定的概念和技能之间做出选择。也许我们可以找到能同时兼顾两者的方法。

我们不应该欺骗自己。既然深度与广度之间的张力无法逃避，选择也不可避免，那么就跟着深度走。

深度是这个世界对我们的要求。人类知识的爆炸不是 21 世纪的现象，它在 20 世纪就发生了。如今，我们身处大数据时代，"爆炸"这个词都很难形容人类知识增长的速度。谷歌前首席执行官埃里克·施密特（Eric Schmidt）说："我们每两天创造的信息跟文明诞生以来到 2003 年的信息一样多。"（Siegler，西格勒，2010）

但是日子并没有变长，我们的头脑也没有比人类进化的速度更快。虽然在过去的 200 年，我们已经延长了青春期，也增加了大学学位使人们成为受教育的公民，但是我们今后是否能够或者应该继续延长青春期还是值得怀疑的。

所以，解决知识爆炸的方法不是更多的学校教育，而是换一种不同的学校教育，这就是深度学习概念的内涵及形成原因。假装我们能够教会学生所有需要用到的知识根本就是自欺欺人。我们必须摆脱教育就是知识的传递这一固有的观念；相反，我们要教会学生技能，其中一项最普遍的技能就是如何驾驭知识的风暴，因为未来的知识内容是我们无法想象的。

这最终意味着内容虽然非常重要，但只是达成一些根本的、概念性的理解的一种方式。几十年的研究证实了这个观点：当达成深度的概念性的理解时，学习就变得持久、灵活和真实。

有些教育者已经关注到了这一点，但不幸的是，我们国家大多数政策制定者似乎还没有认识到这项研究及其影响。在这个领域我们常常会发现这样的现象，即"在美国萌生的好想法却在新加坡发展成长"。当听到新加坡的考试成绩时，我们通常会翻翻白眼表示不屑，脑子里浮现的是教室里孩子们端坐在整齐划一的座位上的情景，认为枯燥的死读书扼杀了孩子们的创造力。然而事实恰恰相反，新加坡有自己的教育"魔咒"，2004 年李显龙（Lee Hsien Loong）总理做了最好的总结："教的越少，学的越多（Teach Less，Learn More）。"

"教的越少，学的越多"号召教育者教得更好，是为了让学生参与学习并为生活做好准备，而不是为了测试而教得更多。

——2005 年 9 月 22 日新加坡教育部发布

（摘自 http：// www.moe.gov.sg/media/press/2005/pr20050922b.htm）

（二）深度学习创造新事物

学习的最高形式是创造。创造是理解最深层的表达。

这么多年来，教育理论者们都在用不同的方式告诉我们这个道理。发展心理学的先驱让·皮亚杰（Jean Piaget）总结道："教育意味着培养创造者。"（Bringuier，布林古耶，1980，p.132）洛林·安德森（Lorin Anderson）是本杰明·布鲁姆（Benjamin Bloom）的学生，他尝试修改了著名的布鲁姆教育目标分类学（Bloom's learning taxonomy），并将"创造"置于最高层级（安德森等，2001；见图 I.2）。格兰特·威金斯和杰伊·麦克泰（Grant Wiggins & Jay McTighe，1988）说，对学生理解的最充分的评价可以通过学生展示其创造的作品或表现来实现（p.127）。

作为学校和课程的设计者，我们汇集所有人的智慧形成了下面的经验法则：要想使学习变得持久并有意义，应该创造一些从未存在过的东西。

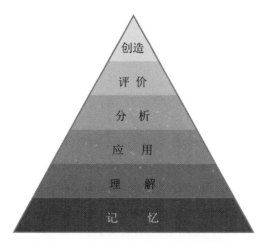

图 I.2　布鲁姆教育目标分类学修订版

资料来源：Adapted from *A Taxonomy for Learning*, *Teaching and Assessing*: *A Revision of Bloom's Taxonomy of Educational Objectives* (Complete ed.), by L. W. Anderson (Ed.), D. R. Krathwohl (Ed.), P. W. Airasian, K. A. Cruikshank, R. E. Mayer, P. R. Pintrich, J. Raths, & M. C. Wittrock，2001，New York，NY：Longman.

"创造性"和艺术紧密相连，但是在这里我们从广义上定义了这个词。你所创造的"一些东西"可以是一个论点、一个科学结论、一个故事、一次采访、一份研究报告、一部电影短片、一张照片、一段关系、一个脚本、一张幻灯片、一篇教案、一个电子游戏、一个谜语、一项倡议、一则广告、一个建议、一篇社论、一个网站、一个博客、一个标志、一张地图、一次戏剧表演、一则历史解读、一份商业计划、一篇乐章、一份成本效益分析、一次研讨会、一段字幕、一次展出、一个口号、一份翻译、一封信、一个计算机程序、一份蓝图、一张数据表、一份宣传册、一个 App、一条评论……一旦你理解了，或许会有更多你自己的东西被添加到列表中。

虽然创造性的概念具有很大的灵活性，但是并不包括孩子在学校做的许多事情：多项选择题、工作表、填空题、公式化的论文、数学问题库、单词记忆表、按照流程进行的科学实验、背诵历史名称和日期。不言而喻，标准化测试对其所要求的两项技能——计算能力和阅读能力的影响，已经剥夺了它们的创造潜力。

当然，在产生创造性行为之前必须要进行长时间重要却不具创造性的学习，但是创造应该是学生在学校里学习的最终目标。创造性是全球化和数字经济时代所推崇的，也几乎是唯一能回馈给你的东西。过去，美国人因其创造性被世人所熟知。（想象一下教育体系在提升我国国力上起到的作用！）更重要的是，创造性让我们兴奋，使我们投入，为我们的学习注入了情感的联系，这对学习过程来说非常重要，就像学习内容本身一样重要。我们学到什么与我们如何学习是永远不可分割的。

如果你将亲手做的一个东西与你收到的东西相比，你是否会意识到前者对你而言更加鲜活——它的细节、它的美丽，哪怕是它的不完美，都让你感到自豪，触动你的记忆。这也是你在反思自身教育时应体会到的情感。

（三）深度学习关注现在，而不仅仅是将来

学习从本质上来说具有前瞻性，毕竟这是一个帮助学生实现潜力的工作。但许多学校为孩子所做的事情却完全着眼于回报。

同样的，从经济的角度看，教育中出现的问题往往跟今后造成的影响挂钩。例如，如果你没有听说过缺少高中文凭会让一个人一生损失几十万美元，那么你也不会听到有关高中辍学率的事情。

虽然着眼于未来是自然而恰当的，但却容易让我们忘记现在的价值。孩子对我们来说是珍贵的，不是因为他们将来会如何，而是因为他们目前会如何。将所学付诸行动的时间并没有比花在学习上的时间更有价值，可能的表现并不比当下的实践更重要。正如杜威（John Dewey）在一个世纪之前所说的一句名言："教育即生活，不是将来生活的准备。"（1897，p. 7）

这意味着我们在进行学校设计时，要像关注未来一样关注学生的现在。

这似乎与我们现在的设计过程相违背。我们现在的设计着眼于未来，想象着我们的学生已经是大学毕业生，准备应对这个世界的挑战。但是在细节上，我们要一直牢记：当下的学习发生在实实在在的生活中。

最终，我们所用到的逆向设计将回溯到今天——今天是怎样的一天？今天是充实而丰富多彩的吗？

（四）深度学习能让你讲述有关学习的故事

高中阶段你印象最深刻的事情是什么？我们连续几年面向成年人做了相关的调查，以下是比较典型的回答：

- 舞会（或者其他类似的社交活动）；
- 扣人心弦的游戏（填入运动名称）；
- （艺术活动）表演；
- （有时候）关于最喜欢的老师的回忆（表明关爱学生的好老师能对学生的生活产生持久的影响）。

我们发现，不是他们说了什么而是他们没说什么引起了我们的注意：他们几乎没有提到任何具体的学术学习的经验——指向知识发现的论文、指明大学专业道路的科学项目、开启全新自我意识大门的辩论。

但是或许这并不令人惊讶。我们记住了令人难忘的事情。体育赛事、表演和舞会都有共同的令人难忘的特征：期待、精彩的情节、可能的冲突、高潮以及结尾。这些都是讲故事的素材。

人是故事的叙述者。讲故事是我们理解经验的主要方式。通过这种方式，我们葆有这些经验；通过这种方式，我们交流我们的经验。如果在学习上不能好好利用这样的方式，那么它不会达到该有的深度。

在本书中，我们用了一个更加宽泛的术语——"反思"——来命名学习过程中这个重要组成部分。从微不足道的一节课到具有里程碑意义的大事件，反思存在于学生每一步的学习之旅中。反思为学生提供讲述学习故事的机会，讲故事通常也是巩固学习的过程。就像鲍勃常说的那句话：反思是巩固的必经之路。

在学校设计中要将反思放在学习过程中的合适位置，就必须接受一个重要挑战：

如果你想要学生讲述学习的故事，那么学校必须为学生提供有意义的经历。这就是为什么足球比赛、春季音乐剧和舞会派对能告诉我们：经历之所以难忘是因为它们被设计得让人难忘。每一次学术经历可以具备也应该具备好故事的要素。

（五）深度学习通过"和谐"的组织得以最好的实现

我们的学校设计深受"和谐"（Holonomous）概念的启发，这是基于亚瑟·库斯勒（Arthur Koestler，1972）著作中的一个术语，用来形容整体和部分的关系（希腊语中 holos 意为"整体"，后缀"on"意为"部分"）。复杂的体系往往是由多个部分组成的，同时这些部分既相互独立又相互依存。库斯勒观察到，每一个独立的部分都有双重倾向，在服务于（现存或不断变化的）"整体的要求"的同时又要"保持和维护自主"（p. 112）。

亚瑟·科斯塔和罗伯特·加姆斯坦（Arthur Costa & Robert Garmston，1994）说这在教育社区是真实存在的：

> 举个例子，效率高的老师们是自主的个体：自己决断，自我激励，自我修正。但是，他们同样是更大的整体（系、学校、学区）中的一部分，他们受集体的规范、态度、价值观和行为的影响。反过来，学校是一个在学区和社区的影响之下互动的自治整体。（p. 123）

一个和谐的学习体系同时关注整体和部分。它支持个人的独立和自我实现，同时也保留共同体来协调规范、价值观以及对个体的关心，从而达到自主性和依存性之间的平衡。另外，通过将各部分和谐地融入整体，它把潜在的张力转化为更大的能量。

"和谐"也提醒我们，如果这个学习体系的一个部分不能与整体中的其他部分协调工作，那么这个部分就发挥不了自己的潜能。举个例子，如果学校的任务是教学生如何进行有效的合作，那么教师和领导他们自己首先就要进行有效的合作。每一个部分都是整体上所开的一扇窗户，只有各个部分保持一致才会有整体的成功。

本书的一个基本前提是，如果教育体系不努力达成"和谐"，或达成"整个体系的一致性——个体、课堂、学校、校区和社区的一致性"，就不可能实现深度学习（科斯塔和考力克，1995，p. 6）。我们的维思学校变革模型就采用了这一理念（见图 I. 3），我们不仅根据这个结构设计学校，还据此组织本书。

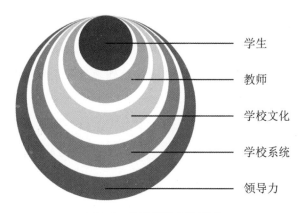

图 I. 3 维思学校变革模型

我们将这个和谐的体系（以及本书的各章）看成一个嵌套层（nested layers）：

• 处于一切中心的当然是我们的学生；毕业生档案描述的是为了做好大学和职业的准备，学生的应知和所能（第一章）。

• 围绕在"学生"外围的是至关重要的"教师"；第二、三章讨论了为了帮助学生实现毕业生档案的愿景，教师的应知和所能。

• 在一个和谐的体系中必须有意识地持续关注文化，文化是围绕在人们身边的一种渗透力（第四章）。

• 学校系统或结构应该和整个组织的目标和价值保持一致（第五章）。

• 学校领导要综观所有层面，确保整个组织的协调一致（第六章）。

四、这种学校适合所有的孩子吗？

是的。

无论学生的种族、社会经济地位、语言、街区、学校规模、学校位置或父母的背景如何，这本书所呈现的高中学校设计对所有学生来说都是最棒的。

在美国社会所能提供的条件下，我们已经测试过这个模型。我们的第一所学校在郊区，白种人中产阶级的孩子居多。之后，我们又在旧金山开设了两所学校招收不同种族的学生，其中很多学生是西班牙裔。在奥克兰市中心我们也有一所学校，奥克兰是美国最精彩、最有活力的城市之一，但正如许多人所了解的那样，它也面临着城市教育所带来的所有挑战。我们还有一所学校在海沃德，这所学校反映了美国郊区的新现实，目前容纳了美国一半以上的大城市贫困生（Tavernise，塔维尼斯，2011）。

在开设这些学校之前，鲍勃、贾斯汀和莎莉任教过和领导过各种类型的学校，如综合性公立学校、天主教会学校、公立小学和私立学校。

然而我们仍然需要准备好来应对这样的学生：他们可能还没有达到我们所提倡的表现性评价和基于标准的教学的基本要求，也有可能已经超越了我们的要求。

但是当我们描述我们所做的事情的时候，我们确实遇到了怀疑者。有趣的是，怀疑来自相反的方向。人们会说项目式学习是一种奢侈品，适合资源丰富、准备良好的上层中产阶级学生，成绩差的学生不能浪费时间在项目上，他们还要做很多的工作来夯实基本技能。

目前我们服务的是成绩较差的学生，我们听到了另一种声音：项目式学习对那些低成就的学生或许是必要的，但是高成就的学生已经被激励去做要求更严格的工作了。

这两个方面的批评意见都存在同样的误解：项目式学习相对于手头真正的繁重工作而言是一种次要的软技能。但事实却恰恰相反，项目式学习是通向新世纪所要求的深度学习的唯一现实路径。这就是本书面向教育工作者的原因，因为所有人都在迎接新世纪的到来。

五、变革，而非改革

我们喜欢用"变革"这个词的原因之一，是该词传达了我们想要讨论的事物是超越"改革者"和"统治集团"之间的论争的。"改革者"和"统治集团"的论争通常更具政治性，而非教育性，其凶猛性堪比部落斗争。

无论你们学校规模是大还是小，是私立学校还是公立学校，有没有章程，有没有考试，有没有工会、任期和凭证，是的，甚至是有没有奇特的州和联邦政策，我们在本书中所提倡的大部分观点都可以实现。我们并不是说这些因素不会使你的学校变革变得更难或更容易（它们确实会），我们想说的是你不需要等政治斗争结束时才让你的学生达成深度学习的学习结果。

在许多方面，我们是传统主义者，我们承认这里大部分的思想与哲学一样古老。做中学，问中学，跟着学，这不是新方法，更谈不上那个现今的时髦词——"颠覆性"。这个概念不是激进的而是基础的。学习越有深度，越会感受到人性化。

视频 1：维思理念、实践与设计

维思理念的概览探讨了维思学校如何应对引导学生参与、提升学生基本技能、促使学生做好大学准备的挑战。在公平和社会公正的基础上，维思学校帮助学生成为自身学习过程以及大学、职业和生活所需技能的自我支持者。

参考文献

1. Anderson, L. W. (Ed.), Krathwohl, D. R. (Ed.), Airasian, P. W., Cruikshank, K. A., Mayer, R. E., Pintrich, P. R., Raths, J., & Wittrock, M. C. (2001). *A taxonomy for learning, teaching and assessing: A revision of Bloom's taxonomy of educational objectives* (Complete ed.). New York, NY: Longman.

2. Bloom, B. S., Engelhart, M. D., Furst, E. J., Hill, W. H., & Krathwohl, D. R. (1956). *Taxonomy of educational objectives: The classification of educational goals. Handbook I: Cognitive domain.* New York, NY: David McKay.

3. Bringuier, J.-C. (1980). *Conversations with Jean Piaget* (B. M. Gulati, Trans.). Chicago, IL: University of Chicago Press. (Original work published 1977)

4. Cook-Harvey, C. M. (2014). *Student-centered learning: Impact Academy of Arts and Technology.* Stanford, CA: Stanford Center for Opportunity Policy in Education (SCOPE).

5. Conley, D. T. (2005). *College knowledge: What it really takes for students to succeed*

and what we can do to get them ready. San Francisco, CA: Jossey-Bass.

6. Costa, A. L., & Garmston, R. J. (2002). *Cognitive coaching: A foundation for Renaissance schools* (2nd ed.). Norwood, MA: Christopher-Gordon.

7. Costa, A. L., & Kallick, B. (1995). Systems thinking: Interactive assessment in holonomous organizations. In A. L. Costa & B. Kallick (Eds.), *Assessment in the learning organization: Shifting the paradigm* (pp. 3 – 7). Alexandria, VA: Association for Supervision and Curriculum Development.

8. Darling-Hammond, L. (1997). *The right to learn: A blueprint for creating schools that work*. San Francisco, CA: Jossey-Bass.

9. Dewey, J. (1897). *My pedagogic creed*. New York, NY: E. L. Kellogg.

10. Koestler, A. (1972). *The roots of coincidence*. London: Pan Books.

11. Lewis-Charp, H., & Law, T. (2014). *Student-centered learning: City Arts and Technology High School*. Stanford, CA: Stanford Center for Opportunity Policy in Education (SCOPE).

12. Mehta, J. (2013, April 12). Teachers: Will we ever learn? *New York Times*. Retrieved from http://www.nytimes.com/2013/04/13/opinion/teachers-will-we-ever-learn.html

13. Meier, D. (1995). *The power of their ideas: Lessons for America from a small school in Harlem*. Boston, MA: Beacon Press.

14. Mortenson, T. G. (2010, November). Family income and educational attainment 1970 to 2009. *Postsecondary Education*. Retrieved from http://www.postsecondary.org/last12/221_1110pg1_16.pdf

15. Radford, A. W., Berkner, L., Wheeless, S. C., & Shepherd, B. (2010, December). *Persistence and attainment of* 2003 – 4 *beginning postsecondary students: After* 6 *years* (NCES 2011 – 151). Washington, DC: National Center for Education Statistics. Retrieved from http://nces.ed.gov/pubs2011/2011151.pdf

16. Siegler, M. G. (2010, Aug. 4). Eric Schmidt: Every 2 days we create as much information as we did up to 2003. *TechCrunch*. Retrieved from http://techcrunch.com/2010/08/04/schmidt-data

17. Sizer, T. (1985). *Horace's compromise*. Boston, MA: Houghton Mifflin.

18. Tavernise，S. (2011，Oct. 24). Outside Cleveland，snapshots of poverty's surge in the suburbs. *New York Times*. Retrieved from http：// www. nytimes. com/2011/10/25/us/subur-ban-poverty-surge-challenges-communities. html

19. Wagner，T. (2008). *The global achievement gap：Why even our best schools don't teach the new survival skills our children need—and what we can do about it*. New York，NY：Basic Books.

20. Wiggins，G.，& McTighe，J. (1998). *Understanding by design*. Alexandria，VA：Association for Supervision and Curriculum Development.

第一章　重新界定毕业生形象

我懂了，这就是学习。

——维思学生卡洛斯·拉莫斯（Carlos Ramos）在反思
档案袋答辩过程中的领悟

距毕业典礼只有 27 天了，而卡莱布·罗森（kaleb Lawson）刚刚被告知他不能如期毕业。

孤独地站在教室前，卡莱布无法相信刚听到的消息。他脸上没有了血色，却努力保持着镇定。灯光特别亮，数字投影仪的风扇转动得特别响。

面对着卡莱布及其身后的屏幕，大约有 20 名观众松散地坐在几排椅子上，他们是卡莱布的同学、感兴趣的父母和支持他的老师。观众的前面是一张长长的桌子，桌子后面坐着四位成年人，他们对他进行提问并做相应的笔记。显而易见，任何一个看过《美国偶像》（*American Idol*）电视节目的人都知道，这是答辩委员会。

数字媒体老师托尼·哈里斯（Tony Harris）先生是委员会成员之一，他打破了这份尴尬的短暂沉默："你对自己领导力的反思并没有达到我们期望的深度，另外，我们也没有看到你充分练习这次汇报的证据。你太依赖于笔记，也没有和观众进行充分的眼神交流。"

卡莱布盯着地板，缓缓地点头认同这些评价。这对他打击很大，准备这次汇报不是几天、几周或是几个月的事情，而是酝酿了好几年。在最后的 45 分钟，他的汇报是用来讲述整个高中四年①的故事。他展示了自己最好的学术作品案例，反思了成功与失败，尽力证明他已经为毕业做好了准备。

"卡莱布，你并没有做好准备，"哈里斯接着说，"你可以做得更好。希望你和指导

---

①　美国的高中一般是四年，包括九至十二年级。

老师一起修改反思内容，完善汇报。十天之后，你需要进行第二次汇报。"

一、为什么学校需要重新界定毕业

本章稍后会继续跟进卡莱布的故事（毫无悬念的剧透：他通过了第二次汇报），但首先让我们来解释一下刚刚见证的事情。

维思学校的每一位学生为了毕业必须经历卡莱布所经历的一切。我们不是指他的失败，而是指面对答辩委员们做持久的、基于证据的声明：我已经做好准备从高中毕业并将继续前进。这个时刻是我们称之为"深度学习学生评价体系"（Deeper Learning Student Assessment System）的最终收工时刻，也是界定维思学校教育的时刻。

这个概念并不具有革命性，它像英雄旅程中的磨炼一样古老，也像教育中的学徒制一样传统。你可以把它看成博士论文答辩、律师资格考试、新股首发简报或是一场决赛。许多学习旅程都最终以一个挑战告终，这需要学生运用所有所学的东西来迎接挑战，并证明已经为继续前进做好了准备。

但是我们如何得知一名高中生是何时为继续前行做好了准备的？

事实上，美国的大多数高中对这个问题的回答几乎都是任意和抽象的。四年就读时间，120 个"学分"，也可能是某个标准化测试的分数。我们用一个抽象概念（课程学分）计算学生的投入，并用另一个抽象概念（字母等级）来对学生进行泛泛的评价。使用这种方法数十年之后，我们对学生在四年之后掌握了哪些知识和技能没有任何具体的感知。伴随着模糊的目的迎来的是令人沮丧的结果。

这是不行的。每一个组织都应该知道自身的目的并基于此来进行相应的设计。对学习机构来说，目的必须阐明学生的未来。诸如：我们想要为我们的学生做什么？我们为他们准备了什么？我们希望在他们继续前进时知道些什么以及能够做些什么？我们希望他们成为什么样的人？

变革学校始于对这些目的驱动、目标导向的重要问题进行深思熟虑后的回答。虽然合理地回答这些问题有很多种方式，但很多答案我们是不应该接受的。

举例来说，答案必须以文字的形式出现，而不是数字或符号。考试分数、学校数字排名和成绩等级的统计都是对现实的抽象，而不是对现实的描述。

　　学校的总体目标要围绕学生来设计，最终不是用来反映学校的成就的。学校的目标是学生的成功，不是使学校获得成功。事实上，当一所学校基于考试分数排名来界定学校目标时，这种情况就发生了。

　　维思教育的使命是使所有的学生，尤其是那些父母没有上过大学的学生，为在大学、工作和生活中取得成功做好准备。这是我们对目标问题的回答。

　　我们的使命听起来似乎直截了当，但是我们制定使命的方式与别人有着细微的差别，这种差别体现了我们的野心勃勃。进入大学不是我们为学生界定的成功，大学毕业才是我们为学生设定的标准。

　　界定了目标之后我们才能设计学校。一旦对学生的未来有了愿景，我们便能确定毕业生要具备哪些知识、技能和思维习惯才能顺利毕业并在大学取得成功。

　　要回答这一问题并不容易，但很明显，传统的毕业要求是远远不够的。四年获得的学分，或许再加上一个标准化测试，都不能解决这个问题。事实上，的确也没有解决。

二、从毕业开始"逆向设计"

　　1998 年，格兰特·威金斯和杰伊·麦克泰出版了一本影响深远的书——《重理解的课程设计》（*Understanding by Design*），这是 20 年来不断思考如何评价学生学习的巅峰之作。与一个领域中的许多转折性的时刻一样，他们的观点不是因为激进而被传颂，而是因为它明确了我们所知道的常识。

　　他们认为，教师是设计者，就好比那些专业设计领域的建筑师、工程师和平面设计师。学生是主要的客户，"课程、评价和教学设计的有效性最终取决于他们所期望的学习的达成"（p. 7）。

　　此外，课程是实现目标的手段。因此，设计课程最有效的方式是"逆向设计"（mapping backwards）：从学习结果开始—确定学习目标—然后制订达成目标的步骤。

　　这是很好的常识，但《重理解的课程设计》之所以能成为里程碑式的著作不仅仅是它提倡逆向设计，而且是它把评价作为设计的切入点：

　　　　不是在一个单元学习结束时进行评价……逆向设计提醒我们从问题开始，在进入规划教与学经验之前，我们把什么作为证据表明学生已经获得了所期

望的理解和熟练程度？（p. 8）

在美国社会舆论开始质疑教育方法的世纪之交，威金斯和麦克泰的课程设计理念正是在这个时候吸引了我们，即便它是建立在前人的思想之上的。15 年之后的今天，"逆向设计"成为教育领域一个耳熟能详的术语，"表现性评价"从常识成为共同智慧，最后成为"共同核心"的使命。

我们概述《重理解的课程设计》不仅是因为我们相信它，还因为我们想要扩大它的应用范围。学校本身是实现目标的手段，而不是仅仅提供课程。学校领导者与教师一样也是设计者。威金斯和麦克泰谈及的课程设计都可以并应该应用于学校设计。

这个思路指导我们设计了维思学校。从结果开始，也就是从毕业生形象开始。要收集证据表明毕业生确实已做好继续前行的准备，我们需要为他们设计一个有意义的全面评价。为了将逆向设计应用到整个学校，需要有一些实质性和严谨的东西来开始逆向设计，而这不是一个简单的颁发文凭的毕业典礼。

深度学习学生评价体系就是我们的解决办法。

这个体系形成后，我们发现这样的一个累积评价体系是我们从拥有学校使命到实现学校使命唯一有效的方式。它成为我们的统整理论——促进学校所有其他元素变革的变革元素。

三、界定成功：知、行、思

设计毕业生评价方法之前，要先确定评价内容。就像我们所说的，学生的目标是获得大学成功。我们不满足于学生只是进入大学，我们希望他们在大学里对自己的知识和技能充满自信，同时在面对不可避免的逆境时能够坚持不懈。更直白地说，我们希望他们毕业而不是辍学。

大卫·康利（2005）等思想家的研究帮助我们检视什么是大学成功所需要的。康利就这一问题进行调查时，教授们给出的答案是：智力技能和思维习惯，"许多教师认为这些比具体的内容知识更重要"（p. 173）。

教授们强调了一些我们期望的通用能力：批判性思维能力、分析思维能力、问题解决能力、阅读与写作能力。但是他们也认为某些态度同样重要：

好奇心和有兴趣利用研究型大学提供的一切资源；乐意接受批判性的反馈并基于反馈进行调整；直面可能不时会出现的失败；具有应对令人沮丧和模棱两可学习任务的能力与欲望。(p.173)

康利的研究其实很清楚：高中不只是教授学生内容知识，还必须教授智力技能，并逐渐培养思维习惯。

下一步令人兴奋，但也令人生畏：一个成功的大学生需要什么样的素养？我们如何把这样一个复杂的素养图景分解为一系列可测量可管理的高中生学习结果？我们的使命描述太宽泛，州立标准又不完整，我们需要创建自己的毕业生档案。

> 关键术语：毕业生档案（graduate profile）——社区范围的愿景陈述，描述的是学生毕业前的应知与所能。

不幸的是，我们仍处于传统结构中，创建毕业生档案并非从一张白纸开始。大学仍然有课程学分要求，仍然要看成绩单和考试分数。我们的州有内容标准，学区有课程要求。内容知识没有失去它的重要性，只是共享了空间。

最后，我们围绕三个动词构建和平衡毕业生档案：知、行、思。为毕业做好准备的学生知道学术学科的内容和分项技能，能运用智力、人际和执行能力来做平常的大学课程要求的活动（研究、分析、调查和创造），同时也有能力反思，这种自我意识和修正的习惯能促使学生在成长的道路上继续前行。

> 我们创建了模板帮助教师开发课程纲要来体现我们的毕业生档案。参见"附录"中的"维思学校课程纲要模板"（Envision Schools Course Syllabus Template）。

四、维思学校毕业生档案

以下是维思学校毕业生档案的具体情况与说明：

维思学校毕业生已为大学和将来职业的成功做好了准备，因为他们能知、会做、善思（见图 1.1）。

图 1.1 维思教育知、行、思三角（Know-Do-Reflect Triangle）关系

维思毕业生之"知"。掌握学科内容使得学生能够：

- 满足加利福尼亚大学的 A～G 要求；

- 通过加利福尼亚高中毕业考试；

- 在加利福尼亚州标准考试中展示对内容的熟练掌握水平；

- 顺利通过大学入学考试。

> "知"包含更多的传统毕业要求。但值得注意的是为了满足州大学体系的条件，我们的高中课程要求是与其体系一致的。绝大多数的公立高中没有这样做。但如果我们做不到这一点，就不能说我们的孩子已为大学做好了准备。

维思毕业生之"行"。学生能够：

- 使用所要求的核心素养（core competencies）来扮演大学生的角色：在核心内容领域进行调查、分析、研究以及创造性表达；

- 使用 4C 能力（communicate powerfully, think critically, collaborate productively, and complete projects effectively）：有效沟通能力、批判性思维能力、有效协作能力和有效完成项目的能力；

- 至少参加一次工作场所学习体验（Workplace Learning Experience，WLEs），其中他们能够参与真实的工作并完成项目，这不仅对工作场所有利，同时也证明了学生在工作场所能够运用领导能力以及调查、分析、研究或创造性表达自我的能力（我们将在第五章进一步讨论"工作场所学习体验"）。

毕业生档案超越传统毕业要求的地方是"行"。它让我们看清知识和技能、被动学习和主动学习、学习知识和应用知识之间的重要差别。"行"可以帮助我们发展大学教授们一直呼吁的学生素养。"心理学导论"课（Psychology 101）教授不要求新生有心理学背景知识，但要求他们知道如何进行调查和撰写研究报告。

维思毕业生之"思"。学生能够：

- 认识并思考成长、成就、成功以及未来的成长与发展的领域；
- 能基于教师和同伴的反馈修订作业或作品。

当学生反思他们的成长以及作业或作品的质量时，他们发展了思维习惯，这与知识和技能一样，是大学和职业成功的关键。自我意识、坚持不懈、自信心和沉着并不是一个人与生俱来的个人品质，而是可以在实践中培养的思维习惯。

视频 2：维思答辩剪辑

在这个档案袋答辩的精彩场面中，维思学生谈到了教育以及它的重要性，展示了知、行、思的力量。

五、维思深度学习学生评价体系的基本要素

威金斯和麦克泰（1998）提醒我们，一旦描述了教育目标，我们必须设计一种方法来测量是否实现了该目标。测量"知"相对简单，传统方法（课程成绩与标准化测试）

已经足够了，再说大学仍然要求使用这些传统方法。测量"行"和"思"则很复杂。但我们在此重申，我们不必白费力气做重复工作。档案袋是被用作展示能做什么的手段，博士答辩长久以来被用作一种正式反思的仪式，它们构成了我们评价体系的基础。

深度学习学生评价体系中的关键要素包括：

• 学术作业或作品的证据。学生在科学、数学、英语语言文学、社会研究和世界语等核心学术学科中收集一系列最好的作品。此外，学生还需要完成大学预备研究论文和多媒体作业或作品，并完成工作场所学习体验或实习。符合档案袋要求的作业被称为"任务"，镶嵌于常规课程中，不是附加给学生的学习。

• 评分规则。每一项任务都根据严格审查过的清晰的、挑战性的、可达成的标准进行评价。用于测量任务质量的评分规则由斯坦福大学教育专家开发。一年级一开学就和学生分享评分规则，让他们清楚地知道学校对他们的期望以及如何评价他们。

• 反思。学生完成任务后需要写一则反思来描述最终的作品以及创建作品的过程。他们反思学会了什么，采用了何种不同的方式，以及如何将学习应用于未来的项目。除此之外，学生必须描述他们如何应用至少两种深度学习能力来完成任务，比如：

"在科学项目中，我们小组在完成项目的过程中被困住了。我运用团队领导力推动有效合作，帮助小组达成一致的解决方案和继续前进的方式。"

"我根据截止日期创建活动列表，通过活动列表有效管理项目，并在项目进行过程中不断检查和调整列表来使项目正常进行。"

图 1.2（见下页）绘制了维思深度学习学生评价体系结构。

（一）五件熟练水平的作品

形成档案袋主干内容的是五件有深度、严谨的学术作品，这些作品都要满足或超出熟练水平标准的要求（关于我们如何定义熟练水平的更多内容将在下一章呈现）。学生需要将以下作品放入档案袋：

• 一篇研究论文；

• 一份调查报告；

• 一份文本分析；

• 一件创意表达的作品；

• 一个关于工作场所学习体验的作品。

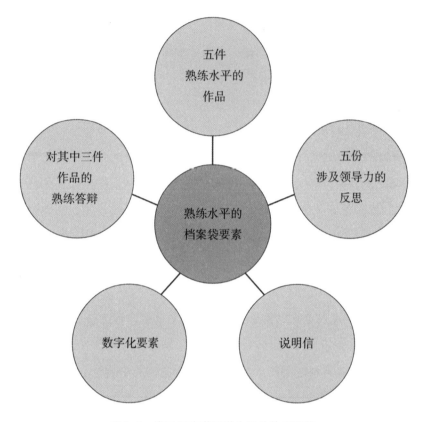

图 1.2   维思深度学习学生评价体系结构

需要注意的是，这个列表并不是一个传统学科（即科学、英语语言文学、数学和社会学习）的列表。在我们初次使用档案袋时运用的是传统学科的列表，但后来我们的思路一直在发展。康利的研究让我们深入地思考让学生为大学成功做好准备到底意味着什么。学科内容固然很重要，但更重要的是被大家忽视的、对所有学科的大学生来说都需要的核心学术素养。我们希望我们的学生在大一上"心理学导论"第一课时，在课程大纲中看到的作业类型都是高中时期已经掌握了的，会感到很安心。

我们的档案袋关注大学准备至关重要的四项核心素养。（上页所列第五项关于"工作场所学习体验"，是对前面四项的综合运用。）针对每一项素养我们都为学生设计了表现性评价任务。

我们所说的"研究"，是学生针对历史的、社会科学的、科学的或其他的问题提出自己的主张。为了展示对该研究的掌握程度，他们需要选择涵盖以下要求的论文样本，其要求与"共同核心"中的读写标准相一致：

- 回应研究问题；
- 提出论点；
- 用论据支撑论点；
- 分析论据；
- 知道并运用准确的学科知识；
- 连贯地组织论证；
- 使用特定学科写作规范传达想法。

我们所说的"调查"，是学生提出一个可以通过科学或历史调查来探索的问题。为了展示他们对调查的掌握，他们需要选择涵盖以下要求的论文样本或实验：

- 提出可调查的问题；
- 设计和实施调查；
- 收集数据或证据，并分析和解释数据；
- 得出结论并评价结论的有效性；
- 知道并运用准确的学科知识；
- 连贯地组织信息；
- 使用特定学科写作规范传达想法。

我们所说的"分析"，是学生通过作品展示他们的阅读、批判性思维以及强有力地传达想法的能力，其作品涵盖以下与英语语言文学共同核心州立标准相一致的要求：

- 提出论点；
- 用论据支撑论点；
- 分析论据；
- 组织观点进行有效沟通；
- 使用语言巧妙地传达想法。

我们所说的"创造性的表达"，是学生批判性地、创造性地思考，强烈地、有说服力地、艺术性地传达他们的想法。我们期望学生展示对艺术思考和艺术实践的理解。学生应使用艺术作为工具，调查和讨论与艺术传统和他们的生活相关的主题和内容。为了展示对创造性表达的掌握，他们需要选择一件涵盖以下要求的作品：

- 显示对艺术学科技术的掌握；
- 建构和制作一件具有个人意义和目的的艺术作品；

- 解释该艺术作品与艺术和文化传统的联系；

- 展望、探索并坚持一个美学理念；

- 质疑、讨论和评判自己的作品。

将这些核心素养作为档案袋的基础，我们突出了它们的优先性。但是让我们先澄清一点：这个设计中传统的学科领域并没有被打入冷宫。我们没有研究教师、调查教师和分析教师，我们有的是历史、科学和英语教师。相反，档案袋的内容领域要求覆盖了这些核心素养。因此，我们的设计反映了我们的教育哲学：素养是学科知识建立的基础。图 1.3 说明了它的运作原理。

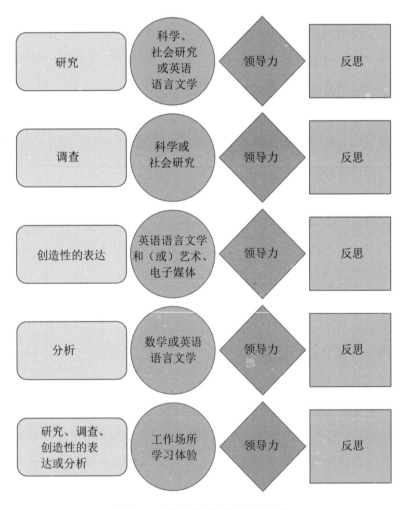

图 1.3　维思学校的四大核心素养

圆形表示学科领域，通过学科领域，最左边图形中的核心素养必须得以落实。这给学生提供了选择如何展示所学知识的机会。但这些选择必须是战略性的，因为每件作品需要来自不同的学科领域。例如，如果科学的作品用于研究，则社会研究的作品就要用于调查。档案袋以这种方式告诉学生和老师在学科内容课堂中需要创作什么样的作品。

（二）对包含 4C 能力的五份作品的反思

学生需要为这五件作品分别写一份反思报告，在反思中，学生要告诉我们作品是如何创造的，教会了他们怎样的核心素养，以及如何展示了他们作为学习者的成长。另外，反思报告必须说明作品和 4C 能力之间的联系，即有效沟通能力、批判性思维能力、有效协作能力和有效完成项目的能力。反思要说明这件作品是如何反映了某项能力的增长的。

视频 3：4C 能力

4C 能力——有效沟通能力、批判性思维能力、有效协作能力和有效完成项目的能力——是如何帮助学生进入大学并获得大学成功的？倾听师生讨论 4C 能力在各自的（受）教育过程中产生的影响。

（三）说明信

说明信（cover lettle）旨在给学生提供一次答辩的机会。做得好的话，说明信也能带来一种成就感——它是一次与重要他人分享他们已知与所能的机会。最核心的是，说明信介绍了档案袋并搭建了答辩舞台，在这个舞台上，学生分享知识、技能和反思。

在每件作品之后所附的简短反思充当了说明信的脚手架。说明信本身就是一份 3～5 页的重要反思，因为说明信综合阐述了学生对核心素养的掌握以及深度学习的结果。说明信犹如针对大学招生的个人陈述，只有当学生从有深度的作品和学校经验中提取出案例时才会更加丰富。

（四）数字化要素

一旦学生的五项任务及说明信都达到了熟练水平，他们就可以把这些认证过的作品（包括对每件作品的反思）上传到数字档案馆中。认证过的作品针对所有维思员工开放，这样我们就可以互相分享学生的作品，也可以检测我们做得如何。

最后，学生需准备一份基于说明信的电子演示文稿来呈现其中的三件作品，作为档案袋答辩的一部分。

（五）针对三件作品的熟练答辩

这是档案袋过程的最后一步，也是本章开头卡莱布所做的事情。在这个最后的仪式中，每位学生从档案袋中选出三件认证过的作品进行公开答辩。以这些作品为证据，学生为他们自己掌握了维思 4C 能力进行辩护，也为所呈现的作品已达到学校毕业标准并支持个人和专业目标的具体细节进行辩护。这一过程大约需要 1 个小时，超过 1/3 的时间用于严格的答辩委员问答环节。

六、档案袋答辩的力量

维思学校并不是唯一这样做的学校。全国各地越来越多的学校将毕业与强大的学术仪式通道（通常被称为学习答辩）捆绑在一起，我们是众多学校中的一员。因为教育领域对表现性评价越来越认可，对其的理解越来越成熟，所以这个做法在初高中流行起来（更多的内容请见第二章）。

在对创造性、实用性的要求以及具体学校采用的各种方式上，学生答辩什么以及学生面向谁进行答辩都有所不同。卡米尔学院（Kamaile Academy）是一所处在夏威夷瓦胡岛背风海岸、服务于本地弱势青年群体的学校，学生不仅要为掌握学术技能答辩，还要解释他们的规划蕴含了对世界承担责任的价值，这是学校文化价值观之一。当地的社区年长者和教师一起组成卡米尔答辩委员会。

在加州萨克拉门托的卫生职业高中（Health Professions High School），学生要针对一个为期一年的跨学科高级项目进行答辩。首先学生要写一篇有关某个医疗问题的解释性研究论文，之后写一篇论证性的文章来表明对该问题的观点和立场，然后和当地一位医疗专业人员一起走向街头进行公共宣传活动。任何看到学生为这样一个项目答辩的人，不需要阅读学校的毕业生档案就会知道，卫生职业高中想要塑造的学生形象是"为大学和职业做好准备的学生，有责任心的公民，独立的批判性思考者，终身学习者和优秀的沟通者"。

这就是设计良好的学习答辩的标志——只要看到这样的答辩，你就能准确地知道：学校服务于谁，重视什么，以及学生作品的质量。它的基本原则是"展示，不是讲述"。学校长期将其目标以使命描述、标准、价值声明等类似的形式呈现出来。表现性评价的前提是必须通过在行动中观察来评价技能——让学校开始在手册和海报中采用充满抱负的言辞，并将其在学生的真实生活表现中具体化。

尽管设计良好的答辩存在差异性，但它对学习共同体的变革效果是相似的。例如，答辩帮助学校聚焦于基础。答辩设计需要提炼，需要聚焦于一系列的表现性任务上，用来表达核心学科领域以及一般大学与职业准备中最基本的要素：研究、文本分析、实验设计、数学推理、历史论证、艺术评判、协作、沟通、批判性思维。大多数答辩体系都是围绕这一列表中的一些子集而建，它们必然与"共同核心"相一致，也包含了"共同核心"的本质。

正如答辩能帮助教师聚焦于教学，它也能帮助学生理解教育，使他们不再把它视为赚取学分的过程，而是通往统一目标的多年度项目。如果学校没有要求学生进行答辩，我们就不会遇到能对自己的学习如此侃侃而谈的学生。这些学生对他们必须学的东西有深刻的理解。我们对他们的要求不只是做作业，还要反思它的意义是什么。如果他们没有通过，他们将再次进行尝试。

设计和实施档案袋答辩对涉及其中的学生、教师和学校领导者来说都是一项巨大的工作。但是我们没有遇见任何一个在回顾过往的时候感到后悔的人。我们还想不出有另一种机制为学校提供更多的手段来将其变革为一个深度学习场所。

七、因此这就是目标；我们如何到达那里？

我们已经给教师和学生讲述了雄心勃勃的目标。

那现在怎么办？当学校实施更有深度的学习评价体系时将会发生什么？为确保它的成功需要改变什么？答案是"一切"，在接下来的章节中将告诉你故事的剩余部分。

但这里先做一个简单的介绍：深度学习意味着学校课程扎根于表现性评价（第二章），项目式学习为最好的手段（第三章）；意味着培育一种信任的学校文化（第四章），没有这种文化，许多学生不会冒险或有信心去成功完成这个事实上历时四年的项目；意味着将学校建造成宏观的学习社区，能够让教师对学生进行多年的指导（第五章）；也意味着一种不同的学校领导力（第六章）。

独立地看，所有这些变革都很好。但对我们来说，当我们致力于深度学习学生评价体系时，它们就成了必要的改变。这个体系成为学校设计的焦点，任何事情都从这个体系开始逆向设计。

视频 4：蒂安娜·艾贝——深度学习学生的简介

深度学习产生了真正的影响：对蒂安娜·艾贝（Tiana Alba）来说，城市艺术与科技高中的深度学习教育意味着她不仅能成为家中第一位大学生，还是第一位读过十年级的学生。在城市艺术与科技高中的几个月里，她意识到是什么引领她想象自己的未来。她和其他同学反思了在这里的各种机遇以及导师如何引领他们走到了今天。

八、卡莱布故事的剩余部分

多年以后，我们采访卡莱布并让他回忆第一次答辩未通过的那一天的情形，他承认当他一走出那栋楼就开始痛哭流涕。除了对自己感到失望以外，当着一群人的面答辩失败也让他感到尴尬，可能更深刻的体会是，让那些相信他的人失望而感到羞愧。答辩委员会名单上的第一位老师就是托尼·哈里斯，他是公布坏消息的委员，也是卡莱布的导师，是他最最信任的一位导师。

贾斯汀当时也在下面坐着，他记得卡莱布的首次答辩失败让他感到很吃惊。一直以来，卡莱布都是班级中最有思想也是最善于沟通的学生之一。在过去的两年中，贾斯汀作为他的英语老师很了解他的作品。在美国文学课上，卡莱布写了一篇关于作家詹姆斯·鲍德温（James Baldwin）的文章，这篇文章见证了卡莱布知识觉醒的重要时刻，也是他毕业档案袋中的关键作品。

但是经过反思，我们不得不承认，在我们吃惊的同时也证明了卡莱布在入校的三年中走了多远。他来自我们学区里最糟糕的社区，父母离异，父亲长期忽视他，他由从事体力劳动的母亲单独抚养长大。他是白种人与黑种人的混血，这使得他质疑自己的身份。多年来他不停地在功能失调的学校间转学。十年级的时候，他转到我们学校时易怒且学业准备不足。在整个十年级中，他不时地遭受学业上的挫折，发火甚至偶尔打架。托尼·哈里斯不得不在每一次事件发生后都对他进行指导。

总之，这是一个对变化和挫折以及如何克服变化和挫折都不陌生的孩子。擦干眼泪后，他继续工作。在接下来的一周中，在更多随着时间的推移他不断成长的证据的基础上，卡莱布重写了对自身 4C 能力的反思。他想出了一个概括统一的隐喻，完善了演讲，重组了演讲要点使之更加易懂，也修改了幻灯片。他还在镜子前从头到尾排练了很多次。这些都是卡莱布知道应该如何去做并承认他应该在第一次就去做的事情。

记住，卡莱布已经收到了大学的录取通知书。所以在一段时间内，当大多数准大学生长期处于毕业前的无精打采、昏昏欲睡的状态时，卡莱布却面临着在毕业那天拿不到文凭的威胁，奋战在一条变革性学习体验的道路上。

学生对论文口头答辩的高利害性的认知超出了其实际情况。对卡莱布来说，繁重的工作已经完成了。他已经写好了论文、进行了实验并创造了需要放入档案袋的艺术作品。他的老师已经指导他进行了修正，使其作品达到标准，同时老师作为内容专家也已在作品上签字。从很多方面来看，卡莱布都已经证明了他已为大学做好准备。

那么他为什么还要通过口头答辩呢？是不是这种尝试有点像演戏，没有必要？

不，论文口头答辩对整体评价是至关重要的。它必须通过，那些要在夏季进行第三次或第四次答辩的学生，在空教室里不断演练他们的答辩，足以证明这不是演戏。

但是卡莱布和他的同伴确实高估了口头答辩的相对权重，主要有两个原因：第一，公开演讲本身就很让人头痛；第二，它很自然地赋予任何旅程的最后一步以象征性的意义，即便每一步对到达目的地都是至关重要的。

这是经过设计的。我们希望学生能重视这次最后的经历。它的目的是让他们的毕业有意义和深度，让他们有具体的事情可以提及可以庆祝，并为之感到自豪。事实上，我们认为答辩是教学最有效的成就，它创造了一个空间，要求并激励学习者尽自己最大的努力，同时又给予他第二次（第三次和第四次）的机会来缓冲他的失败。换句话说，尽管卡莱布现在辛苦地重新准备，但他的老师知道他最终将做得更好，而且整个过程他们会一直支持他。

他确实做得很好。十天之后，贾斯汀坐在下面听卡莱布的第二次口头答辩，他记得他的答辩在流利度和说服力上都比第一次好得太多。“与第一次不同的是，我觉得做好了充分准备，”卡莱布回忆说，“因为我能感觉到事情进展顺利，我越来越有信心。从那开始我变得强大也变得更好。结束之前我就知道我已经通过了。这感觉太好了！”

通过答辩后，卡莱布成为他家里第一个进入四年制大学的成员（鲍勃的母校，圣玛丽大学），更关键的是，他将从这所大学毕业并获社会学学士学位。他现在是一名监察工作人员，职责是预防银行业内的种族歧视和职权滥用。

在最近采访卡莱布时，他告诉我们：“毕业生档案带给我的经验教训让我在工作中也受益。”

例如，我目前的工作原先是个临时岗位。这个工作不是非我不可，将来也不可能非我不可。首先，我必须弄清楚什么是我想要的；然后我需要审时度势，记录我的工作，证明我的勤奋；最后，我需要提出理据（强调卡莱布的）来证明我是这家公司需要引进的全职人才。我知道怎么做才能得到这份工作，因为在此之前我练习了很多遍（强调我们）。

后来我在一个大型组织中工作，我意识到这对于任何事都适用。如果你想要做一件事——改变一项政策或得到一次升职机会等——你必须提出理据。你不仅做了工作，你还需要展示你所做的工作……

我记得在那时我们所有的毕业班学生都对毕业生档案袋的要求感到沮丧。我的意思是，我们已经做了所有的大作业，我们不理解为什么我们还要经历反思大作业这一额外的步骤。

卡莱布他们是维思第一届需要完成毕业生档案袋并进行答辩的学生；作为试水者，他们特别抗拒这个过程，因为可以想象没有它学校生活会更容易。（多年以来，随着低年级学生看着高年级学长准备和进行答辩，这个过程已经融入学校文化中，不再像第一年那样受到抗拒了。）

> 我们习惯于过去的上学方式——做完作业或死记硬背后参加考试，希望能得到一个 A，然后继续向前。

> 但是毕业生档案袋迫使我们超越仅仅是做作业。我们要学习如何才能对自己的作业充满信心。如果你能在一个安全的学校环境完成这件事，这就是你的起点。它是如此的积极……那时你们让我们回去重做是多么的英明。

即使有首次答辩失败的创伤，你也这样觉得吗？

卡莱布回忆说：

> 我崩溃了。我走到外面就哭了。但没过多久我就意识到哈里斯先生让我第一次答辩不通过的原因。他尊重我，而不是让我小看自己。即使是那时，我意识到哈里斯先生信任我超过我信任自己。为了通过答辩，这需要改变。

不，这不是演戏，这是逆向设计。如果我们把学生送入社会并希望他们取得成功，这就是我们必须做的。因为在论文答辩期间——四年项目的最后时刻，我们所看到的并不是卡莱布说服老师他已经做好了毕业的准备，而是卡莱布提出理据说服自己并成功获胜。

视频 5：学生简介和档案袋答辩

一位维思学生和教师讨论了如何为档案袋答辩的"最后一刻"做准备。伊冯反思了她作为一名学生和学习者的成长过程。

参考文献

1. Conley，D. T. (2005). *College knowledge：What it really takes for students to succeed and what we can do to get them ready.* San Francisco，CA：Jossey-Bass.

2. Wiggins，G.，& McTighe，J. (1998). *Understanding by design.* Alexandria，VA：Association for Supervision and Curriculum Development.

第二章　设计与标准一致的表现性评价体系

在做中学能学得更多。

——维思学生泰德莉娜·塔克（Dedranae Tucker）

想一想驾照路考。我们只有通过了路考，证明有能力且能负责任地驾驶，才能上路。获得驾照的过程可能有所差异，但是当你坐在驾驶位上，旁边坐着考官，你通过操作方向盘来展示你能驾驶时，学驾驶的过程也就结束了。

与此相对应的，我们来看看驾照理论考试，很多州都设有标准化的书面或电子测试来评价应试者对交通规则等知识的掌握程度。这是很重要的一步。的确，通过了理论考试才能允许你在有驾照的司机的监督下上路练习驾驶。

没有人会困惑于这两项考试的目的。一项测驾驶知识，另一项测驾驶技能。它们都很重要，但并不同等重要。常识告诉我们，知道交通法规方面的基本知识不足以证明这个根本问题：申请驾照者能独立开车吗？这就是驾照考试中需要表现性评价的原因。

我们的 K-12 教育系统需要从这样的常识中学习。我们让学生经历了很多理论考试，但却很少有路考。我们测量（或是试图测量）他们知道什么，并希望能测出他们能做什么，其结果是很多年轻人高中毕业了却没能做好在大学或职业这条"路"上行驶的准备。

对我们大多数人来说，这并不是什么新闻。我们真正要回答的问题是：既然知道表现性评价是测量学生并为学生做准备的更好的方式，我们如何使它在教育中具有该有的位置，把评价从强调知道什么转变为能做什么？

答案就在那里，然而我们需要把目光投注在教师（这里指他们的课程应如何改革）或是更大的学校系统（这里指标准化的测试应如何改革）上。

但是变革评价最有效的主体被忽略了。它既不是教师也不是州，而是学校。

一、表现性评价的界定及完善

"表现性评价"（performance assessment）是一个表达简单概念的华丽术语：通过观察"所做的"来评价"能做的"。

音乐总监通过听演唱者的歌唱来进行面试；教练通过看运动员训练（与特定技能无关的）和比赛中的表现来进行选拔。表现不是一定要在做中才能观察出来。很多时候，对表现的记录或表现的产品都能满足这一要求，比如摄影师的档案袋、厨师烹饪的菜肴。

表现性评价没有与之截然相反的事物，但是有对应物。多项选择题测试经常被用作非表现性评价的案例（达令-哈门德和安德森，2010）。对值得用修饰词"表现"来修饰的评价，测试对象必须自己建构答案，而不是从事先确定的选项中选择答案。显然，用表现性评价评价产品或表现，需要某种建构性或创新性的行为。

另一个对应物是间接评价。当我们不能直接评价一个人的能力时，我们可以尝试进行间接评价，比如传统的求职面试。在入职前，雇主通常不能观察求职者的在职表现，取而代之的是，他们让你坐在对面，通过问你一些问题进行面试。

如果你的手掌心一直在冒汗，你一定感受到了面试官正在评价你的表现。事实上你对这份工作的胜任力是通过相关的数据来推断的：你回答问题的自信和智慧，你着装的职业性，你陈述的具体经历。大部分求职面试是不能直接评价你对工作的胜任力的，相反，他们测量的是你应对面试的能力。（当然，也会有特例，教师岗位的申请者经常被要求上一堂"观摩课"。）

一个评价任务是否被界定为表现性评价，首先要看其是否与评价目标相一致。仅仅看到某个人在写作、做实验、唱歌或面谈——换句话说，是参与某些创造性的或建构性的活动——就直接贴上表现性评价的标签是远远不够的。你必须先界定你想测量什么，只有这样你才能判断观察到的产品或表现是否提供了所寻求的证据。

这也是为什么把所有非选择题式的评价都界定为表现性评价过于简单的原因。举个例子，我们自以为如果学生能写一些东西——无论是简短的回答还是短文——我们便确信将他们引入了表现性评价。

但是写作可以被程式化为填涂考试，尤其是在它没有挑战学生运用高阶思维技能的时候。比如，为什么英语教师不再把读书报告用作文学评价任务，这是个很好的理由。概括情节不是高阶思维技能。假如你的目的是评价学生分析和评价文本的能力，那么传统的读书报告，即使是开放性的写作任务，也没有达到表现性评价的要求。很明显，表现性评价必须能评价期望测量的技能。

> 一个合格的表现性评价，所评的必须是：
> 1. 一个产品或表现；
> 2. 对目标技能的应用。

如果你为考试准备的技能、考试中运用的技能、真实生活中应用的技能都是一样的，那么这就是真正的表现性评价。想一想平行泊车技能。路考会如何考？通过侧方位停车。你如何为此进行练习？通过侧方位停车。在你通过考试后运用这项习得的技能做什么？还是侧方位停车。

二、旧瓶装新酒——运用于新世界的老方法

"表现性评价"这个短语在亨利·希金斯（Henry Higgins）教授带伊莉莎·杜利特尔（Eliza Doolittle）参加赛马会（Lerner & Loewe，勒纳和洛伊，1956）以前就存在了。在希金斯图书馆舒适的环境里，伊莉莎的学习并不深入，她在那里反复背诵《西班牙的雨》，直到练成完美的贵族口音。赌注是希金斯教授能让她通过成为贵族的考试，她自然要证明她拥有贵族的技能，于是他们就启程去参加"阿斯科特赛马会的开幕式"。

在新的真实情境中的这场考试很有挑战性。在这部音乐剧中，最难忘的一个场景是她为下注的马加油时大喊"摆起你的大屁股"。（p.78）在这之前，人们都看不出伊莉莎流淌的不是贵族血统。伊莉莎没有为这个有名的表现性评价做好准备。

术语值得我们持怀疑态度。因此，术语往往会成为包装纸。当你撕了它，会生气

地发现它可能是一个被重新包装的旧东西。

"表现性评价"这个术语也让我们感受到了同样的滋味，尤其是当它被伪装成一种革命性的发明时。但是好老师通过自己的判断和感觉，在教学的时候一直在设计好的表现性评价。我们当中好多人可以想起这样一位老师，他在课程结束时布置要求很高的任务，要求我们动手去做而不仅仅是学习它，这不仅对我们提出了挑战，还帮助我们理解这门课程的本质。学生设计的实验、研究项目、学习报告——这些经常引用的表现性评价的案例在我们使用这个术语之前就早已存在。视觉和表演艺术教师一直在实施着表现性评价，且从未停止过，他们有很好的理由去质疑这份喧嚣。

表现性评价虽然不是一件新事物，但却是一个越来越有用的词语，其中有两方面的原因。

一是大量的非表现性评价的出现抢占了阳光。灌木丛越密集，我们就越需要注意它们的差异，哪些是应该去除的，哪些是应该促使其生长的。

第二个原因，表现性评价一直是很好的教学法，它正在快速地成为唯一能满足当今不断变化的世界之需求的教学法。哈佛的一位教育学教授托尼·瓦格纳在这点上坚定地表达了他的观点：

> 今天，由于在任何一台联网的电脑上都可以获得知识，所以你运用知识能做什么远远比你知道什么更重要。创新能力——创造性地解决问题的能力或是为生活带来新的可能性的能力——以及批判性思维能力、交流沟通能力和合作能力远比学术知识更重要。一位总经理曾告诉我，"我们能将内容知识教给新员工，而且必须要这样做，因为内容知识在持续发展，但是我们不能教他们如何思考、提出正确的问题以及如何进行创新"。（Friedman，弗里德曼，2013）

我们学校开始做这件事。每次我们思考为学生的将来——大学、职业或是成为公民做准备的时候，这个列表——批判性思维能力、交流沟通能力、合作能力——就会不断出现在我们的脑海里。这是一系列的技能，而不是事实。这是一系列的动词，而不是名词。如果我们都认同这些能力很重要，那么我们则需要设计教育经历以使学生在活动中实践这些能力，教师在活动中指导这些能力。

多项选择题本身并没有问题，它能有效地评价某些内容知识。但是当我们把目光转移到动手任务时，它就显得不合适，甚至与我们所要测量的内容毫无关系。我们认为，表现性评价是唯一有可能测量学生需要被测量的方面的方法。

事实上，"表现性评价"这个短语很值得我们去欣赏，因为它指明了学校设计的方向。"表现"这个词蕴含着行动、创造和观众的出席。"评价"这个词表明某事正在进行中——一个过程——在某种程度上是"考试"这个词所不具备的。这些是全校范围的表现性评价体系的重要主题。

三、维思表现性评价体系

第一章曾提到，维思深度学习学生评价体系的关键是档案袋答辩。我们把高中看作一个历经四年的项目，当中所有构建的事物都指向最终的表现。

但是正如我们在第一章所阐释的，事实上，最终的表现由四件表现性作品组成：

- 一篇研究论文；
- 一份文本分析；
- 一份调查报告；
- 一件创意表达的作品。

这份列表是经过十来年严谨的对话形成的，不仅有我们的老师参与，还有斯坦福大学的教育专家，他们在美国高中与大学衔接方面进行了细致的研究。这是我们的组织对大学和职业准备的提炼（因而也包含共同核心州立标准）。我们树立了四面旗帜：假如我们的学生能掌握当中的每一项任务，他们就能在大学里获得成功。

每一个表现性任务都有各自的评分规则，学生和老师使用评分规则判断某个表现是超越、达到还是未达到熟练水平标准。

维思学校的专业发展大都聚焦在如何实施这些表现性任务和运用相对应的评分规则上。学校给新教师提供一周的培训来了解这个体系。8月份的新学期计划要求所有的教师工作小组规划学生实施这些表现性任务的次数。在周协作会议和专业发展日上，教师们运用评分规则共同对学生的作品进行讨论并评分，这是个永无止境的解释与校准的过程。之后校长和领导教师要确保这些任务得到充分且有深度的教授，这样高中四年学习结束的时候，学生们都获得了掌握每项技能的机会。

到第三、四年，学生们与学科教师一起积极做研究论文、分析报告、探究调查和发明。第四年，他们在每类作品中选出最好的一个，如果还觉得不够好就再进行修改，如果觉得比较好了，润色一下再提高一个等级。做好了之后，提交作品，对作品进行反思，最后参加答辩。

（一）体系的关键特征

这些年来，我们的体系一直在发展演变，只要我们致力于成为一个学习型组织，它就会不断地发展演变。但是，有些特征已经发展成为我们坚持遵循的设计理念。

1. 表现性评价列表要简短扼要

这是必需的。

无论是教师、学校还是学校体系对表现性评价的投入必须聚焦。核心表现的数量要控制，最好不超过 5 个。

原因有两方面。其一是实践的原因。学习是一个重复的过程，只有保证有时间重复才有可能发生。如果没有时间重复，那么 20 个表现任务和没有表现任务是一样的。表现性评价的根本是目标设定，我们都知道达成目标的最大障碍是目标太多。

其二是教育学的原因。教育的一个最根本目的是帮助我们理解复杂世界。我们不能降低它的复杂性，但是我们可以通过识别模式、构建体系和塑造理论学会如何掌控它。

确切地说，设计良好的表现性评价是一个行动理论，它聚焦学习者和教师，将复杂的技能与内容网络统整成一个可理解的整体。

2. 表现性评价对标准进行提炼

标准设定本质上是一种分析行为。标准总是在回答"质量是什么"这个问题。自然地，我们通过考虑这个问题并将其分解成它的各个部分来寻找答案。

是什么造就了一个伟大的网球运动员？即便这是事实，也很少有人会满足于这样的答案，即"这个运动员赢得了很多比赛"。这个问题的目的是去解析表现：正手和反手的技术；发球的速度；运动员在压力之下仍葆有健康、勇气和优雅。无论是一个表现或是一台机器，若想知道它是如何运作的，我们就要将它分解来看。完成这一步后，我们最终看到的是散落在地板上的一堆部件。

所以我们经常抱怨拿到手的学术标准列着冗长的、压倒性的待办事宜清单是不公平的。实际上标准试图进行浓缩并按优先顺序排列，就像共同核心标准那样，按照技能领域、年级水平等进行一页页的呈现。如果标准是一个引擎，你想知道它是如何工作的，那么高质量的教育就是遍布在地板上的引擎的多个部件。

因此，我们通过分解的方式来描述质量；相反，我们通过综合来评价质量——或者至少我们应该这样做。当我们看到所有的这些部分是如何统整在一起的时候，那就是评价最具说服力的时候。许多运动员从对他们的书面解析上看起来很厉害，但真正的厉害只有在球场上、在比赛中才能表现出来。我们可以去看，引擎的所有部分遍布在地板上——所有的部分都有用并且闪闪发光——但是在你把它们组合在一起并启动引擎之前，你并不知道这是否是一个高质量的引擎。

然而，在我们的学校里我们一直犯着这样的错误。我们将标准视为一份清单，考查孩子们离散的技能和零散的知识，而不是要求他们进行综合运用。教育成为永远不会实现的一场比赛的练习。它就像是一直在车库中修修补补的引擎，从未上路。

我们不应该将其归咎于标准。如何将引擎的各个部分组装在一起，这不是标准的责任。实际上，大部分标准有意避免这样做；通常在前言中会说明它们描述的是"什么"而不是"如何"。"如何"是教育者的事情。（说实话，我们不会有任何其他方式。）

这就是表现性评价体系的目的：将所有领域［州标准、学区方案、大学入学要求、学校使命、学术传统、21 世纪技能（21st century skills）］关注的各种目标综合成几个关键的表现，在这些表现上获得成就就可以有说服力地声称"这就是质量"。

在提炼教育目标方面，维思最终形成了需要掌握的四项基本技能：撰写一份研究报告、进行一项调查研究、做一份文本分析和实现一个创造性的想象。在入校第一年的第一周，九年级的学生就知道他们必须学会如何把这四件事做好。在接下来的四年里，所有的课程、作业、上课和项目——学校的各个组成部分——都为他们掌握这些技能而服务。最后是一个统一的评价——档案袋答辩，挑战学生"把所有的放回在一起"。

3. 表现性评价并非对应某个特定的学科

首先我们看一下这些学科——英语语言文学、数学、历史和科学——都没有在我们的表现性评价的清单中。事实上，它们就在其中，因为学生在这些课程中学习完成任务。特定的任务自然来自特定的学科。但是，不是与特定学科相关的清单的好处就在于一个任务对应多个学科，而不是一个任务对应一个学科的关系。在每一个案例中，教学生如何完成这些任务的责任是共同承担的。这种设计体现了共同核心时代的精神，读写的教学必须由多学科领域共同承担。

而且，完成一篇诸如历史学科的研究论文，我们能让学生为现实需要而准备，这个现实需要就是某些在高中不会教、只有在大学开设的学科里才会碰到的话语模式，之后很多学生将继续主修社会学、政治学、地质学等。

然而，很重要的是——尤其是对学术传统的捍卫者来说——虽然我们的设计可能有时候模糊了传统学科之间的区别，但是并没有消除它们。事实上，我们看到的恰恰相反：学科之间进行的合作越多，我们就越能学到特定学科思维的重要区别。比如，历史研究和读写分析虽然都要求仔细阅读，但两者本质上是不同的。我们不仅重视这样的差异，也培养和欣赏这样的差异，并经常把这种差异作为档案袋答辩会上令人印象深刻的反思材料。

4. 评分规则通常是共享的

一个评分规则不仅仅是一个评价工具，更本质的，它是一个交流工具。用文字来代替数字或符号，评分规则用来解释好作品或作业应该是怎样的。

为了最有效的交流，表现前（对我的期望是什么？）和表现后（我做得如何？）都应该运用评分规则。同一个评分规则也应当用于多个表现，提供多个机会去达成一系列清晰表述的期望。掌握一项技能不仅仅要经过实践，同时也需要对期望进行深度理解。为了做到这一点，学习者需要更多的机会去展示与这个期望的目标相关的进步。

机会越多，就会掌握得越好。只有当评分规则用于跨学科和跨年度时，在同一门学科中重复使用评分规则的效益才能显现。在维思，我们设计了跨年级组的评分规则——九、十年级和十一、十二年级——允许学生两年运用一个评分规则。

如果一所学校共同体聚焦于一组表现性评价，那么它同样也要聚焦一组相对应的共同评分规则。维思评分规则在我们整个校园网内共享。你可以在"附录"中找到"SCALE 表现性评价质量评分规则"的案例。

（二）设计表现性评价

完整的表现性评价由三部分组成：

结果。设计表现性评价从表述希望学习者达成怎样的学习结果开始，界定要测量的技能或标准。这些结果往往出现于"学习目标"一栏。

结果的展示。这是学习者需要完成的"任务""作业"或"提示"，所完成的产品、作品或表现提供指向目标技能或标准的直接证据。

结果的测量。成功的标准必须在学习者创作产品、作品或进行表现前就建立好了。通常标准以评分规则的形式出现。

> 维思学校的老师把精力主要放在任务设计上（第二部分），因为结果（第一部分）和评分规则（第三部分）都已经构建好并且在全校范围内共享。

了解了这三部分的结构，让我们来看看维思学校两个表现性评价的案例。

1. 一项科学探究：海湾的灾难

这是由维思教师斯坦利·理查兹（Stanley Richards）和本·罗森（Ben Rosen）设计的表现性评价的案例。它嵌套于一个大型的跨学科项目中，项目旨在探究这样一个问题："谁应该为墨西哥湾 2010 年英国石油公司石油泄漏事件负责？"学生在政府与公民课上研究与石油泄漏有关的政策和法律；在英语课上研究并用第一人称叙写石油泄漏事件如何影响了海湾的人们、石油公司、政府，并且在模拟国会听证会上汇报写作内容；在艺术课上，学生们创作作品诠释石油泄漏事件对自然的影响；在科学课上，学生做实验探究清理石油泄漏的最好方法。以下是三部分的概览：

（1）第一部分：结果

为了展示他们在科学上的探究素养，学生必须完成一个体现以下结果的表现性评价：

a. 启动探究

学生能够提出通过科学调查来探索的问题以及提出可检验的假设的证据是什么？

- 提出可通过实证检验的、科学的问题；
- 建构图表、模型来呈现所调查的内容；
- 解释代表系统或过程的模型的精确性和局限性；
- 形成与研究问题直接相关的可检验的假设。

b. 计划并实施调查

学生能够设计并实施调查去探索自然现象的证据是什么？

- 设计控制实验（进行多次实验）检测提出的假设；
- 确定并解释假设中的自变量和因变量；
- 清晰交流过程细节以便其他小组复制；

- 为所有的实验创建详细且清晰的数据收集方法；

- 多次实验。

c. 呈现、分析和解释数据

学生能够组织、分析和解释数据的证据是什么？

- 运用图表组织数据；

- 运用数学规范来表达关系和数量（单位）；

- 解释数学运算结果与预期结果的关系；

- 分析和解释数据并从中发现模式；

- 从数据中得出推论；

- 在推论中指出进一步调查可能产生的优势和弱点。

d. 建构基于证据的论据并交流结论

学生能够基于证据进行解释并有效地交流结论的证据是什么？

- 建构科学的论据，解释数据和可接受的科学理论如何支撑观点；

- 确定对立面观点（科学论据或个人论据中可能存在的缺陷）；

- 形式多样地交流结论（文字、表格、图形或数学表达式）；

- 提出的结论包含研究局限性的具体讨论；

- 针对研究目的和受众运用恰当的语言和语气；

- 遵循科技论文写作规范，包括准确运用科技术语、量化数据和可视化表达。

（2）第二部分：任务

海湾灾难的调查任务挑战学生分析从水和湿地中清除泄漏石油的技术。学生研究各种各样的清除方案，形成假设，接着实施科学调查来确定假设是否正确。设计好的任务使得学生的实践及其生成的证据都指向第一部分所列出的预期目标。

本书"附录"中有一个学生作品案例，阐释了该学生经历表现性评价的过程，即从研究到假设，再到用石油、清洁剂和棉花球进行实验的整个过程。

（3）第三部分：评分规则

你可以在"附录"中找到用来评价这个学生表现性评价作品的科学探究评分规则。它分解了第一部分列出的结果，并通过四个表现水平，即初级水平、发展水平、熟练水平和高级水平，来表述如何测量这些技能。同一个评分规则可以用于不同的任务，也可以使用很多年。教师使用它来规划必须教的内容，学生运用它来理解他们被期望理解的东西，并规划他们的技能发展。

"附录"中的两个文档（第 2、4 个）提供了更全面具体的海湾灾难的表现性评价的描述：

- "科学探究"表现性任务和评分规则；
- 海湾灾难学生作品和反思。

---

2. 一个文本分析：但丁的《地狱》

这个表现性评价也是嵌套于一个名为"《地狱》马赛克复述"（*Inferno* Mosaic Retelling Project）的大型项目中，这个项目针对十一年级和十二年级的学生设计，让学生对 14 世纪但丁的史诗《地狱》进行仔细地阅读和分析。（这个马赛克复述项目也用于九年级和十年级学生阅读和分析荷马史诗《奥德赛》。）

这个项目围绕着两个具有资格进入档案袋的表现性评价进行：一个艺术表现和一个文本分析。（两个评分规则都在"附录"中。）阅读这部诗作之后，每位学生选择但丁的几行诗，通过自己选择的媒介进行艺术性的解读。作为整体复述诗歌的一部分，学生公开展示他们的艺术品。最后，每位学生基于前面的艺术性解读写一篇文学分析短文。

我们会在下一章节中讨论更多有关项目设计的原则。这里我们聚焦一个表现性评价——文本分析：

（1）第一部分：结果

为了展示他们的阅读能力、批判性思维能力以及有效沟通能力，学生必须完成一个体现以下期望（目标）的表现性评价，这些期望与英语语言文学的共同核心州立标准相一致：

a. 论点

学生能够形成论点的证据是什么？

- 通过提炼中心思想或论点对文本做出反应，展示进行了阅读和批判性思维；
- 对关键问题、关注事项和与中心思想相关的备选观点做出确认与反应；
- 找出有洞见的关联、发现线索或做出作为阅读和分析结果的有意义结论。

b. 论据和分析

学生能够支持论点并分析论据的证据是什么？

- 仔细阅读一部或多部重要的小说或非小说作品；

- 仔细阅读并分析文本中的思想和观点以及作者用来传达这些思想的语言（比如语言特色、文学要素、修辞手法）；
- 提供相关的文本证据来支持观点和主张。

c. 组织

学生能够组织、分析和解释数据的证据是什么？

- 清晰地表达引导文章结构组织的中心论点；
- 呈现支持论点的连贯的内在结构；
- 不断运用过渡词在观点之间建立联系；
- 提出有适当深度的想法和主张。

d. 规范

学生能够巧妙地使用语言进行交流的证据是什么？

- 运用的语法、语言和写作技巧符合作者的写作目的和读者的要求；
- 遵守恰当的语言规范；
- 用带有感染力的声音和修辞技巧（比如轶事、吸引人眼球的介绍、重复、句子多样性、排比）吸引读者；
- 准确且一致地引用文本证据。

（2）第二部分：任务

学生已经对但丁《地狱》中的诗句进行了艺术性阐释，现在再对这些诗句进行分析性阐释，形成一篇学生论文。

在形成论文之前，每位学生必须先在班级里汇报开题报告，获得反馈和支持。在初稿开始时要求有文章的大纲。这些步骤帮助学生达成表现性评价所期望的标准（第一部分已列出）。

很多学生非常努力地用自己的语言去解读作者的文字——尤其是一位伟大的诗人的文字。这也正是为什么艺术任务可能有点不合常理地安排在写作任务之前。通过引导学生运用不同的表达媒介，艺术任务能有效促使学生进行阐释。为了写这篇文本分析论文，学生又回到运用语言本身去解释艺术任务所帮助他们注意到的东西。

举个例子，有个学生用废品旧货店里发现的零部件创作了妖怪守护神革律翁的雕塑后，有一个奇怪的发现。雕塑完成的时候，学生觉得这个怪物非常恐怖，然而在他第一次阅读诗歌时，这个怪物听起来很酷，根本就不可怕。进一步分析之后，学生注意到叙述者在描写守护下层地狱的革律翁时，语调非常的平淡而柔和，不像之前描述的高层地狱怪兽那样，用的是高亢的、可怕的、内涵丰富的声调。这种观察引导学生形成与主题相关的复杂论文风格：进入地狱的旅行越深入，就会变得越平静，甚至越冷漠，但丁这位朝圣者接受他在那里所看到的，那正是神维吉尔所期望的。

（3）第三部分：评分规则

运用英语语言文学文本分析评分规则（见"附录"中的"维思学校大学成功档案袋表现性评价：英语语言文学文本分析"）对学生的论文进行形成性和总结性评价。

设计表现性评价的资源

• 维思表现性评价设计模板（Envision Performance Assessment Planning Template）（见"附录"）

维思开发这个工具用来帮助我们的教师和我们的合作者设计表现性评价。这个模板通过一个完整的表现性评价的三个部分来引导思考：（1）什么是你期望的结果？（2）学生如何展示这些结果？（3）你将如何测量这些结果？

• SCALE 表现性评价质量评分规则（SCALE Performance Assessment Quality Rubric）（见"附录"）

斯坦福大学评价、学习和公平中心（Stanford Center for Assessment，Learning，and Equity，SCALE）的评价专家与深度学习共同体的实践者共同协商开发了这个评估表现性评价的评分规则。这个工具分别描述了高质量表现性评价的各种特点，包括与标准的一致性、任务指导语的清晰度和学生参与程度。卓越的教师专业发展可以围绕这个工具进行。比如，一组老师在一起分享设计的评价，并运用这个评分规则来互相给出建设性反馈。

• 深度学习设计：如何为共同核心开发表现性评价（免费在线课程：novoed.com/learning-design-common-core）

曾帮助维思设计表现性评价体系的 SCALE 同事在 2014 年秋季开发了一门有关表现性评价设计的慕课（大规模开放在线课程，massive open online course，MOOC）。维思的竞选广告项目（Campaign Ad Project）成为斯坦福课程中的一个典型案例。

视频 6：《地狱》马赛克复述项目

　　观看贾斯汀是如何通过艺术解读但丁的《地狱》的作业帮助学生获得对这部史诗及其主题的深刻理解，从而使他们写出更具洞察力的文本分析论文的。

四、挑战就是优势

　　表现性评价并非易事。它是复杂的，每个阶段都很耗时，且需要不断的"维修保养"。要做好它，就要超越单间教室，迎接合作的所有挑战。只要你开始在一个部门、学校或学校体系内进行表现性评价，你就要面对效度和信度（validity and reliability）的问题（来自标准化测试的技术术语）。

　　但是表现性评价的力量也恰恰在于这些特定的挑战中。只有正视这些问题，才能发挥它的潜能。在这里，我们罗列我们认识到的问题，同时想说明每一个挑战正是潜在的优势。

（一）挑战：表现性评价是"高消费的"
　　　　优势：投入和回报是成正比的

　　和标准化纸笔测验相比，表现性评价总是更费钱、更耗时间，也需要更多的资源投入。

　　我们再来比较一下驾照理论考试和路考。前者需要一张纸或是一台电脑，可以由机器来评分。制订一份试卷，可以考成千上万人。后者则要求一个训练有素的人坐在一辆汽车里为每一个想获得驾照的人各花费一个小时。与理论考试相比，路考显然是高消费。

我们之所以这样做，是因为作为社会群体的我们觉得这是值得的。让技能娴熟且能安全驾驶的驾驶员上路时，表现性评价能确保我们所要的结果。

显然，本书认为 K-12 教育中的表现性评价同样是"值得的"。价值并不是一个简单的成本函数，它相当于产品投资。你投入的时间越多，价值就越高。对你越有价值，你就会投入越多。这是一个良性循环。

在我们的学校里我们经常看到这样的事情：当老师们将设计良好的表现性评价视为他们的主要责任时，同时得到适当的支持去履行这些责任，他们会对表现性评价更用心。精心地设计、富有技巧地实施、可靠地进行评分的表现性评价体系需要教师和学校领导极大的投入，但是这些投入是值得的，学生们从中获益很大。

（二）挑战：表现性评价的设计是复杂的
**　　　 优势：结果是非常简单的**

测试公司能像流水线生产小配件一样大量炮制多项选择题。

相反，良好的表现性评价只能纯手工制作。设计的每一步都需要仔细斟酌，从技能目标的选择到制订如何引发这些技能的证据的策略，再到决定如何测量这些证据。因为表现性评价倾向于综合一系列标准和技能，设计者必须将它们整合在一起。这是一项非常困难的工作。

但是一旦设计好了，来自复杂争论的便是简单的力量。学习者看到的是一个连贯的、单一的目标，要将所学运用到一个整体中：在几个月的课程之后，我能设计实验了，我能为我的论点辩护了，我能创作艺术了，我能运用数学去解决真实世界的问题了。一个通过整合的设计良好的总结性表现性评价将学习者所学的意义传递给他们，这比任何方法都强有力。

（三）挑战：表现性评价试图测量难以测量的技能
**　　　 优势：要求合作与修正**

因为"效度"这个概念，习惯于标准化测试的人们对表现性评价的到来感到紧张不安。如果测试能准确测量它所期望测量的，那它就是有效的。

因为表现性评价试图去测量复杂的、难以量化的技能（比如研究、分析、探究和创新），心理测量学家（研究测试效度的人）认为这种评价充满潜在的错误。

但是，在这里，很难和不可能之间的区别非常重要。表现性评价是很难——不是不可能——进行有效的设计。而这种困难通过时间和人力的投入是可以克服的。开发表现性评价的人力投入越多、修正时间投入越多，就会越接近完美。

一旦合作与修正的文化形成，将会最有效地提升教与学。在我们的学校里我们看到表现性评价的设计为我们的教师在一起合作提供了非常真实的理由。正如亚瑟·科斯塔和贝纳·考力克（Bena Kallick）所写："团队构建了评价，评价建立了团队。"（1995，p. 141）

（四）挑战：对表现性评价很难进行可靠的评分
优势：表现性评价是最好的专业发展

一篇议论文、一个历史研究项目、一项拓展的科学探究——这些任务不能通过一台机器或一份标准答案来评分。他们要求由人来进行判断。

当人们对复杂的工作做出判断时，需要关注在这个领域里被称为"信度"的事宜。这个表现的评分是基于预先确定的、通俗易懂的静态的标准，还是基于个体不稳定的判断？如果不同的评分者针对同一个学生的作业或作品给出的分数差异很大，那么心理测量学家们将不会相信这些分数是"可靠的"。

如果要实施大规模表现性评价——如美国高中生跳级考试——我们需要投入大量的人力物力来确立"评分者间信度"。不同的评分者在对考试进行判断，但是这些评分者都需要经过培训使其去寻找相似的东西并达成类似的判断。

在一所学校里，一位教师布置一个特定的作业似乎不需要关注信度。只要学生事先理解他被期望的是什么，对他的作业或作品的评价是按照这些期望来进行的，那么另外一位教师对这个作业或作品给出不同的评分还有那么重要吗？

在一所传统的学校里，最后一个问题的答案是：不重要。在课程学分制中，教师对学校的责任仅在于给每一位学生评定字母等级。而字母等级意味着什么在很大程度上取决于教师。

但是，如果一所学校施行表现性评价体系，从关注学分转向关注技能掌握，教师们马上就真正需要对"何为掌握"达成共识。

在过去的 20 年里，能广泛满足这个需求的工具是评分规则，它的典型特征是坚持用文字而非抽象的符号来描述作业或作品的质量。

教育者们非常熟悉评分规则的典型形式——一张表格，"列"代表的是质量水平，"行"代表的是表现的各个方面，每一个单元格里是描述学生作业或作品特征的语句。说实话，很多评分规则在某些方面是令人失望的。我们总是对措辞不满意（尤其是语言学科的老师）。如果是合作开发，大家会通过意见折中来编制评分规则。在这点上我们对这些陈词滥调般的评分规则已经不忍直视了。

因此，并不是工具的形式——子弹暴雪一样——给予评分规则以力量，而是它的实践——围绕评分规则的思考和行动——使得它们在教育中成为变革的力量。首先，开发评分规则要求我们去做这个非常重要但是往往又被我们低估的、始于目标的逆向规划。我们必须界定精通水平并确立标准。大多数评分规则的编写始于在一个个格子里描述我们对所有学生的期望。对学习来说，其中一个最大的障碍就是对学习目标缺乏清晰的界定。评分规则促使我们去描述目标，这一行为带来的益处不能被低估。

其次，评分规则往往为整个学校所共用，即使你拿到已有的评分规则，对它的校准工作也从来不会停止。学生的作业或作品不断滚动，因此关于这个评分规则意味着什么的对话也从来不会结束。正如最高法院的每一个判例试图对宪法进行字面解释，对学生论文或表现的每一次评分都是对评分规则内涵的解读。教师们需要在一起讨论学生的作业或作品，对不同质量水平达成共识，这也称为校准。有时候这会导致评分规则的修正，更常见的是对学生能力的进一步理解。

教师们在会议上围坐桌前，运用评分规则共同为学生的作业或作品评分，会后我们多次听到他们说"这是我经历的最好的教师专业发展"。

当然，评分规则使这样的合作成为可能，但不是必然。大部分教师的硬盘里都散落着没有使用或已被遗忘的旧的评分规则。一个部门在 8 月份教师专业发展期编制了一个评分规则，9 月份还有点热情地将其推出，但 11 月的系部会议只对它一笑置之，到来年 3 月，大多数部门脱离评分规则对论文进行评分。

表现性评价是一个强有力的引擎，但是它不会自己发动。它需要追踪到目的地。学校领导者要优先考虑并且建立机制允许教师为使用全校范围内的评分规则而展开定期合作。要持续地推进表现性评价需要将其纳入学校设计中。

五、搭乘共同核心的顺风车

尽管实施表现性评价是正确的事情，但是教师和学校往往要逆风而行。在过去高利害填涂测试占主导的十来年，那些逆风从来没有吹得这么强烈。

当填涂测试分数被认为最重要时，包括维思学校在内的很多学校需要对表现性评价保持强烈的信念。你要相信它会实现，要相信如果学生得到高阶思维的训练，多项选择题对他们来说只是一个很快就能解决的有趣难题。有时候这种方式是奏效的。从考试分数的角度看，维思在英语语言文学学科上致力于表现性评价取得了成功。在所谓的内容学科（科学和历史）领域，这条路风险更高。而在数学学科，则是令人沮丧的尝试。训练孩子们像在真实世界中那样思考和做数学题，他们将会在填涂测试中遭遇挫折，这好像是算法的学习除了死记硬背别无他法。

令人精神为之一振的是，很长一段时间之后，"共同核心"首次给了我们以支持。它们并不完美，但是这些标准在缩小我们要做的事情和我们应该做的事情之间的差距上大有助益。它强调素养的重要性，将重点转到高阶思维技能上，并加强了学会学习的观念。

过去，学校遵循的很多州标准强调学生应知多于应会。而"共同核心"则把重心从应知转移到应会。在英语语言文学学科中，标准强调基于证据撰写议论文、进行研究、跨课程阅读、参与学术讨论、作正式汇报和有效运用技术的能力。在数学学科，标准强调概念理解、运用数学思维去解决真实世界的问题与挑战，高中强调数学建模。

"内容"同样在那里。数学标准呈现了 K-12 的学习进程，从整数、加法、减法，再到几何、代数、概率和统计。英语语言文学学科有语法和莎士比亚。但面对阅读标准时，你不能不受到优先次序的根本性改变的冲击：内容只是手段，技能才是目的。那是因为标准的终极目的非常清楚：那就是大学和就业准备。我们得承认，大学是通往新内容的旅程。技能不是静止知识的记忆包，而是学生将来真正需要的东西。

共同核心州立标准尽量避免规定或推荐评价方法。但当你读懂字里行间的意思时，会发现其所有的注意力都在高阶思维技能上。表现性评价是唯一有可能评价"共同核心"要求我们做的方法。即便是大规模标准化测试，通常也可以用填涂题测试一切，而无法绕过它。智慧平衡评价联盟和大学与职业准备评价联盟都必须为他们的共同核心考试开发新型表现性评价内容,因为没有其他方式可以使之与标准匹配。

不论"共同核心"有什么局限性,需要表现性评价的标准总比不需要表现性评价的标准好。简单地说,这也正是为什么"共同核心"推动了教育的发展:离开了任何形式的表现性评价,学校充其量就是美化了的驾照理论考试场所。

然而,我们保持"共同核心"的观点是至关重要的。我们不能在教育教学上误解政策的理念。

"共同核心"是一项政策,而并非教学法,政策之风将会再次转变。写作本书的时候,我们已经非常清楚走"共同核心"的道路并不会是一帆风顺的,考试将会很受争议,一些州将会退出,内容将会被修订,考试将会被重写。有一天,"共同核心"将会被其他标准所替代。这也正是为什么学校必须为他们的学生建立毕业生档案袋,从而超越任何一套非连续的标准,包括"共同核心"。

从长远考虑,应把"共同核心"当作加快旅程速度的机会,将它的潜能最大化来帮助变革你的学校。但是要小心诱惑:在这种政策氛围中,很容易把"共同核心"当作目的地。当风向转变的时候,很可能你会有失去正确路线的风险。

同时,我们应当享受支持我们的这场政策之风,不管它能持续多久。"共同核心"验证了所有的学生都受益的两个观点:大学与职业准备作为目的,表现性评价作为基本的策略。这是一个很好的机会让我们的学校更严格同时更多地让学生参与。

视频 7:维思评价过程

维思教育与斯坦福大学合作开发的表现性评价和标准与深度学习技能相联系,因此所有的维思教师都能运用同样严谨的评价工具。观看教师合作讨论和评价学生的作业或作品。

参考文献

1. Costa, A. L., & Kallick, B. (1995). Teams build assessment—and assessment builds teams. In A. L. Costa & B. Kallick (Eds.), *Assessment in the learning organization: Shifting the paradigm* (pp. 141 - 152). Alexandria, VA: Association for Supervision and Curriculum Development.

2. Darling -Hammond, L., & Adamson, F. (2010). *Beyond basic skills: The role of performance assessment in achieving 21st century standards of learning*. Stanford, CA: Stanford University, Stanford Center for Opportunity Policy in Education (SCOPE).

3. Friedman, T. (2013, March 30). *Need a job? Invent it*. New York Times. Retrieved from http://www.nytimes.com/2013/03/31/opinion/sunday/friedman-need-a-job-invent-it.html

4. Lerner, A. J., & Loewe, F. (1956). *My fair lady*. New York, NY: New American Library.

第三章　项目式学习——如何（以及为何）

后教育的世界里没有作业，只有项目。

——维思毕业生罗伯·科赫（Rob koch）

毕业后反思曾经的高中生活

所有十一年级和十二年级的学生都聚集在这间最大的教室里。这是新学期初的一天，整个教室充满了伴随着新学年而来的青春活力。学生们见面、拥抱、寒暄、争抢座位。但这当中也弥漫着一种既兴奋又不安的期待，一种嘈杂之中的宁静，犹如隆重的演出即将开始前礼堂里充满的兴奋又克制的喋喋不休。

在学校里待了两三年的学生都知道这是一件重要的事。事实上，在会议开始之前，他们不知道接下来几个月里他们的生活会是怎样的。所以对接下来发生的事，大家都充满期待。

然而，即将宣布的是一个学术任务。

"电视，"一位老师边说边走到了教室前面开始了这场会议，"从根本上改变了美国的政治。作为即将成为选民的你们，需要知道电视在帮助你们成为知情的选民上起了多大的作用。而其中最好的办法就是你们自己成为电视商业广告生产商。这就是这个项目的全部内容。"

灯光暗了下来，投影屏幕上出现了著名的总统竞选广告系列中的第一个广告："选艾克当总统，选艾克当总统……"学生们被艾森豪威尔 1952 年竞选广告的粗野的旋律和陈旧的动画逗笑了。这是有史以来在美国出现的第一个商业竞选广告，但他们却被吸引住了，所有的眼睛都盯着屏幕看。这个需要花费几个月的项目我们才进行了几分钟，然而一个主要的目标已经达成：学生们不再以同样的方式看待这样一则电视竞选广告。

视频 8：竞选广告项目

这段视频记录了竞选广告项目从开始到展出的整个过程。观看学生在针对摇摆不定的目标选民进行小组深度访谈研究的基础上合作设计出专业的政治商业广告。贾斯汀反思了设计和实施项目式学习的过程。该竞选广告项目将作为一个案例在第三章接下来的内容中呈现。

一、为什么需要项目式学习

在前面的章节中，我们呈现了一张蓝图，这张蓝图是学校所有事务规划的起点：

• 毕业生愿景，以毕业生档案袋的形式来表达，该愿景是雄心勃勃、直截了当的，同时回应学生即将要进入的社会对他们的要求；

• 终期的档案袋和档案袋答辩挑战学生达成学校毕业生档案的要求；

• 表现性评价整合学校的课程目标，也融入可操作的国家和地区标准以及学校所致力于培养的 21 世纪技能。

现在我们来想想怎样达成这些目标。

学校要求多种目标：学术严谨、大学入学准备、学会学习、21 世纪技能、批判性思维、社会公正、宽容、公民权等。但当教育者认真地去实现所有这些目标时，无须多久，围绕这些目标就会开始相互竞争。当一些外部要求出现的时候，这些竞争会变得更加激烈（带来可预计的后果）。

事实上，如果没有一个整合的策略，在学校的目标之间很容易发生竞争。这就是项目式学习（project-based learning，PBL）开始的地方。

当学校的目标和达成目标的时间被清晰地进行了说明之后，项目式学习就成了最好的方式——或许是唯一的方式——来同时达成所有的目标。

二、"项目式学习"是什么

本章开头的场景描述了竞选广告项目的启动，项目首先在圣弗朗西斯·德雷克爵士高中（Sir Francis Drake High School）的沟通学会（Communications Academy）实施，后来在不同的维思学校得以改进。那个场景呈现了一个好项目应该具备的许多特点：能把学生聚集起来、激发他们的兴趣、利用相关的媒体以及探索一个既严密又相关的主题。

但在整个场景中只有一个细节真正地使它成为一个项目，那就是老师向学生们宣布，"你们自己将成为电视广告的生产商"。当学生听到他们将要去做的是创造什么东西而不是学会什么内容时，一个项目就真正启动了。

"项目"这个词把项目式学习和其他学习方式区分开来。它可简单地定义为：项目是随着时间的推移而产生的一种创造行为。它指向与之相联系的两个基本概念：生产性和复杂性。

在《尽管去做——无压工作的艺术》（*Getting Things Done：The Art of Stress-Free Productivity*）里，大卫·艾伦（David Allen，2001）下了另外一个简单但直截了当的定义：所有超过一个步骤的任务都叫项目。他强调项目与时间有着不可分割的联系。期望的目标不能一步就实现，需要往前看远一些，需要把目标实现的过程分解为几个步骤来完成。

当然，这个定义对我们的目的来说太宽泛，那是因为我们能想到的许多步骤的过程看起来并不那么具有"项目性"。几乎每件事都涉及不止一个步骤，但是我们并不把它们全部都称为项目，比如刷牙就不是一个项目。

"项目"这个词的另一个维度也限制了对该词的使用：我们经常用这个词来谈论生产或者创造东西。如刷牙是一种维护行为，而非创造行为。

我们强调这两个概念是为了提醒我们为什么做项目给教育带来了如此的丰厚感和价值感。当学生们在做项目的时候，他们努力解决复杂问题，积极创造新东西。通过复制课外生活中的做事方法，项目融入了我们希望学生练习的技能。

当然，做一个项目并不等同于项目式学习，现在让我们来看一下"项目式学习"整个词语的含义。项目式学习是教学方法，是思维模式，也是教学技能和教学内容的框架。我们的操作性定义和标准都来源于我们自身的工作经验，同时也来源于阿德里亚·斯坦伯格（Adria Steinberg，1997）、巴克教育研究院（Buck Institute for Education，Larmer & Mergendoller，拉默和梅根多勒，2012）以及远征学习（Expeditionary Learning）的工作经验。

高质量的项目式学习——"维思风格"——包括以下内容：

• 探究一个有利于学生的、启发性的、能促进学习的基本问题。这是项目式学习理念的一部分，即当学生的学习被"我需要知道"而非老师的"你应该知道"所驱动时，才是最主动的。

• 重要知识和技能的展示，在这个过程中，学生通过作品或表现来呈现已经达成预期的标准或学习结果的证据。

• 学术严谨以及与标准的一致性，允许学生将所掌握的内容知识和技能用来展示或应用该知识。

• 或短或长的时间轴，范围从几天到几周都有，使学生能学会如何衡量和应对各种规模的项目。

• 迷人的项目启动会，吸引学生承担项目。

• 应用式的学习，使学生能运用他们的知识或技能来思考和创造新事物。

• 真实的观众，确保学生认真对待项目，挑战他们专业地呈现学习结果，激励他们追求质量。

• 高质量的作品或表现，不仅可用来提供严谨学习的证据，还能使人印象深刻。

三、"项目式学习"不是什么

竞选广告项目的启动会通过精心设计来吸引学生注意力。我们想要的效果是"吸引人的启动会"，那是项目式学习最好的实践之一。通过暂时中断学生正常的校园生活，促使学生走出教室并聚集在一起，通过播放一些有趣的视频，让学生感到兴奋和期待。

但这种兴奋程度不会持续到每天每个小时的项目活动中。集会结束后，学生们又会回到常规的课堂教学中，如果你要在接下来的几天或几周里对他们中的一个进行随访，你或许会发现一节课在表面上看起来并没有很"项目式"：可能是一位老师在陈述一部法律是怎样制定的；可能是一节英语课上在讲主动语态与被动语态的对比；也可能是学生在数字媒体课上通过 iMovie 学习指南进行视频剪辑。并不是项目的每个片段看起来都像是项目式学习。

夸大项目式学习的案例会导致某些比怀疑论更糟糕的问题，那就是误解。我们不希望我们的热情被误认为是福音传道，所以让我们在这里制订一些限定条件。如果把项目式学习做得教条化的话，那就是没有把它做好。

（一）项目式学习本身不是结果

当听到任何一所学校（包括我们的学校）被称为"项目式学习学校"时，我们总会感到紧张不安。这暗示着这所学校的教育目的是以一种规定的方法来实施教学。这很危险：过于强调这种行为，会使这种行为变得比它应该达到的效果更加重要。当项目式学习没有成为一种认真构建的方法来达成严格界定的结果时，项目就会看起来很松散：是一系列填满时间的活动而不是一个需要时间来完成的、具有挑战性和创造性的活动。

项目式学习不是目标。它是去往目标的捷径，也是学生为未来做好准备的有效而严谨的方法。

（二）项目式学习本身不是新事物

有时候当听到人们对项目式学习救世主般的描述时，一些富有思想的教育者会说："这有什么大惊小怪的？我这样做已经很多年了。"

这是真的。项目式学习并非新事物。通过项目来进行正式学习至少与中世纪的学徒制一样历史悠久。这个模式早已存在于大多数学校中，通常在表演艺术系，大规模的、创造性的合作，面对真实观众进行真实的表演是他们的常规做法。

所以我们应该承认世界各地的优秀教师一直以来都在引导学生参与严谨又丰富的项目。许多老师完全是因为自身觉得应该运用项目式学习方法，他们不需要"项目式"这个标签来证明他们所做的工作。不要把我们对项目式学习的热情误解为发明或率先采用此方法的虚荣做作。我们只是在寻找一些真正在教育中起作用的方法，只是想说，"根据我们的目标，有关项目式学习我们需要做的更多"。

（三）项目式学习本身不是"所有或没有"

一些教育者担心采用项目式学习方法必然意味着他们要放弃所有目前在做的东西。

他们听到某些学校实施宏大项目的故事就理所当然地得出结论，以为这些学校除了项目式学习其他什么都不做了。

的确，想要把项目式学习做好需要付出很多努力。如同我们的操作性定义所说，时间是项目式学习的主要成分之一。要尊重项目式学习需要付出的努力，不要低估它。一些加入项目式学习的教育者天真地认为项目可以直接层加于目前存在的课程之上，不需要做出任何牺牲——一种我们称之为"平行或并行的项目式学习"实践。所有采用这种方法尝试的学校几乎无一例外地失败了。

事实上，就连致力于项目式学习实践的学校也会把项目式学习和其他"更传统"的学习方式结合起来。作为维思学校的英语老师，贾斯汀每年至少都会实施两个野心勃勃的项目，但他也进行语法测试、编写综合课期终试卷、布置文学分析论文、授课、教词汇、运用多项选择题测试来判断学生的进步。确实，许多看起来传统的做法也发生在项目的情境中。再次强调，项目式学习是工具而不是目标，当它得以恰当实施时，它就成为工具中的一种。

为了维持项目式学习带来的益处，我们不能偶尔为之，必须持续做下去。但那并不意味着它是或甚至应该是耗时又耗力的。好项目需要的时间或短或长。它们可以是全校范围的铺张华丽的表演，也可以只是相对私密的课堂事务。本章后面我们会对如何将项目式学习以适度的和可行的方式融入课堂提出一些建议，但同时仍然保留其原则和有效性。

四、应对挑战的工具

在我们学校，教师和学生关注三个主要目标：

• 达成学业标准（"共同核心"）；

• 培养 4C 能力：有效沟通能力、批判性思维能力、有效协作能力和有效完成项目的能力；

• 为毕业生档案袋和档案袋答辩做准备。

让我们一起来看一下项目式学习如何解决每个目标带来的挑战。

（一）"共同核心"＝表现性评价＝项目式学习

请闭上你的眼睛，翻开"共同核心州立标准"的影印本，随机停在某一页上，然后把手指放在上面。

现在睁开眼睛。我们敢说你的手指所指的标准肯定不能用填涂测试题来评价。它很可能是以下标准中的一条：

• 与同伴一起促进民主的讨论和决策，确定清晰的目标和截止日期，需要时建构个人角色。（SL11－12.1b）

• 使用包括互联网在内的科技手段来创造和出版作品，同时，与他人交流合作。（W6.6）

• 参与合作研究和写作项目。（W7.1）

• 开展短期研究项目来解决一个问题（包括自我生成的问题），借助多种资源，生成相关的重要问题，并进行多渠道探索。（W8.7）

• 解决真实生活中的多步骤数学问题，使用任何形式的正负有理数（整数、分数和小数），并有策略地使用工具。（7.EE.3）

• 运用几何方法解决设计问题（例如，设计一个物体或结构来达到物理限制或降低成本；使用基于比率的印刷网格系统）。（G－MG－3）

• 使用随机实验的数据比较两种治疗方案；使用模拟仿真来决定参数之间的差异是否显著。（S－IC－3）

• 理解问题并坚持解决问题。（数学练习＃1）

列表上的这些都可以通过良好的项目式学习来达成，且其中的绝大部分只能通过项目式学习来解决。这就是为什么来自巴克教育研究院的大卫·罗斯（David Ross）认为"共同核心标准是内容（what），项目式学习是方法（how）"的原因（Boss & Lamer，波士和拉默，2013，p.13）。

鲍勃说项目式学习同时也是原因（why）。澄清学习目标并非迫使学生在乎达成目标。设计表现性评价来测量那些目标不是让学生为了目标而表现。但项目式学习，从定义上说，是致力于让学生参与项目并让他们主动学习。当我们把学习目标和表现性评价镶嵌于高质量的项目式学习中时，我们的职责是帮助学生看清他们为什么要学这些内容。

（二）深度学习的结果在于设计，不在于渗透

然而，学业标准仅仅是这个拼图中的一部分。近来关于大学和职业准备的思考包

括某些"非认知"技能——比如思维习惯、21 世纪技能、4C 能力等——这些技能和学业知识与技能同样重要。哥伦比亚教师学院（Columbia's Teachers College）的教育者克里斯托弗·雷曼（Christopher Lehman）说得好（Ferlazzo，费拉佐，2013）：

> 真正的"大学和职业准备"不仅是一个特定的知识基础，不仅是阅读文学作品所花的时间，也不仅是为形成论点所提供的论据。做好大学和职业准备也和自我信念、关心他人、敢于冒险以及百折不挠的精神相关。

全国人民都在讨论列表中的这些"元技能"（meta-skills）是什么。值得注意的不是它们有什么不同，而是它们是怎样融合的。以下是一些随处可见的技能：

- 批判性思维；

- 合作；

- 沟通；

- 纪律、管理、坚持。

不管它们被称做什么，这些技能都不能停留在期望层面，而是必须要教的技能。教这些技能意味着赋予它们以最好的教学实践：以参与的方式引入这些技能，针对这些技能创造有建设性的挑战，不断提及这些技能，明确地陈述这些技能，训练这些技能，使用评分规则评价这些技能，反思这些技能，最重要的是，反复地实践这些技能。

缺少其中任何一点都只能成为一厢情愿的想法，如同一位家长假设他的孩子能自己养成良好习惯一样。合作、坚持、通过试错学会解决问题、项目管理技能——这些习惯和技能不会通过渗透而培养起来。

或许可以把每个技能解析出来，然后以非项目式的方法来逐个教学。但是如果要将它们真正地整合起来，令人信服地证明它们的重要性，频繁地练习它们，严谨地评价它们——那就只有通过项目式学习了。如果你是认真对待深度学习的，那么项目式学习就不仅仅只是好的选择，还是必需的选择。

（三）给毕业生答辩提供素材

维思学生格雷格·因特马乔（Greg Intermaggio）在毕业生档案袋答辩时汇报了他为竞选广告项目写的分析。在介绍了文章的背景后，他讲述了自己在这个项目中的经历。他详述了合作时出现的困难及组员们是怎样克服这些困难的。他还解释了为什么这个特定的项目对他的项目管理技巧来说是一个转折点。他从哲学的视角总结了他从这个项目中学到的东西："你可以说谎，人们也会相信你的谎言。"（格雷格在毕业生档案袋答辩中呈现的技巧之一是他吸引人们注意力的能力。）

　　档案袋答辩中通常会听到遇到困难、克服困难，然后收获一些"智慧的珍珠"或关于新的自我认知的故事。几乎所有的故事都是有关特定的项目的。起初，我们认为这是一个良好的副产品：项目式学习除了给学生带来其他好处之外，也给学生的档案袋答辩提供了丰富的原材料。

　　但是当我们做得越久，就越觉得档案袋答辩可能是我们实施项目式学习最重要，当然也是最能激励学生的原因。看来这"一段时间的创造"不仅仅是一个项目，也是一个好故事。在项目中挣扎，然后转折点出现，而后笑着带走收获——这些故事推动着维思档案袋答辩的进行和发展。

　　为了支撑我们"知、行、思"三位一体的教育理念，我们承担起了一些重要的责任。在这些责任当中，反思与知识、技能一样，值得我们给予同等的重视。如果我们想要把这条原则付诸实践，那么仅仅靠花时间来反思是不够的。我们同时还要关注学生反思内容的质量。设计良好的项目是值得反思的。确实，当项目成为学生学业经验中的一部分时，它们是学生最难忘记的东西。项目成为学生理解学习经验的主要手段。项目促进了学生讲述有关学校故事的能力，这些故事不再仅仅是有关朋友、运动和课外活动的故事，而是有关学习的故事。

　　在我们学校开始项目式学习是顺理成章的。很明显它是能达成多种学习结果的最有效的方式。但让我们最终决定致力于项目式学习——让我们对项目式学习的认知从观念到深入人心的——是看到我们的学生一个个在毕业生档案袋答辩委员会面前陈述那些有关学习的、富有感染力的故事的时候，那些由设计良好的项目带来的真实的故事。我们知道我们的学校需要一种反思文化，正是项目式学习带给了我们这种文化，而不是其他因素。

　　学校能为学生，尤其是那些被认为"有风险"的学生做的最重要的事情，是帮助学生建立具有自我意识的、有弹性的学业身份（resilient academic identity）。当这个目标受到关注时，项目式学习超越了目前最好的实践，成为变革性的实践。

　　表 3.1（见下页）总结了我们对作为实现目标的策略的项目式学习的评估。分开来看，每个目标都迫切需要项目式学习。综合来考虑，除了项目式学习我们别无选择。

表 3.1　为什么项目式学习是达到我们目标的手段

目　标	作为手段的项目式学习
达成共同核心标准	高度推荐
培养 4C 能力	强制性
有意义的毕业生档案袋及答辩	变革性

五、项目式学习在维思学校如何实施

把项目式学习融入学校课程有很多种方法（当然不是只有一种正确方法），在过去十多年里，我们试验了其中的很多种方法。

我们每所学校平均每年在各个年级都会实施两个大规模多学科的项目。有的学校还会在指定的年份实施 3～4 个项目，其他时间实施一个项目。比起项目数量，我们更关注项目质量。

我们说的"大规模"是指这些项目耗时几周而非几天。"周"并不是一定要累积成月那么长（虽然项目时间当然也可以是几个月）。一个学期的项目并不意味着它一定要贯穿整个学期，反正我们的项目不会这样。竞选广告项目从学期的第一周开始到 11 月的选举就结束了，但本学期要持续到 1 月才结束。

"多学科"指的是不同学科领域教师之间的合作。它可以是 4 个或 5 个学科的复杂融合，但是这样的项目很少。一般情况下，2～3 个学科的老师，包括无处不在的数字媒体老师聚在一起组织一个项目。比如竞选广告项目就是政治、英语和数字媒体老师合作的项目。

竞选广告项目同样也是一个学科主导（在这个项目中是政治）的典型项目。但多学科合作并不意味着无学科。我们见到过这样的情况：一些老师做这项工作时会以为多学科合作就是牺牲他们的学科身份。也许这就是为什么多学科学习对怀疑论者来说是"稀释的学习"。

我们也看到过这样的情况：如果一个项目想做的太多，那它就什么也做不好。我们认为融合的科目不应该是为了各自的学科而设计，不应该是为了满足成人的想法而非学生的需求。

在实践中，好的项目通常来源于某一学科的课程目标。其他学科教师也参与是因为其学科独有的能力能支持学生达成项目挑战。很明显，竞选广告项目是一个政治学科的项目，但对有说服力的沟通的探索需要英语语言能力，它的最终产品（一则竞选广告）需要数字媒体课中学到的技能。一个好的项目的多学科性是有机的，而不是强制的。

因为每个项目通常会需要一个学科来主导，所以教学团队会制订机制轮流来主导这些项目。竞选广告项目可以利用大选的季节，所以很自然放在秋季学期。之后的春季学期进行一个科学或者数学主导的项目会比较合适。

无论一个既定的项目有多少位老师在合作，学校都会面临合作要在结构上可行的挑战。其中有两个主要问题需要解决：（1）共享学生；（2）共享时间。

维思解决第一个问题的方法是将学生分成大约 100 人一组的大组。每一组由 4～6 名项目核心学科的老师来负责。每位老师会拿到同样的学生花名册。通过两天的"区块时间表"（block schedule）① 课程，所有的学生都会同组里的老师们见面。

同样重要的是，同一个项目的合作教师需要时间来规划、协商以及评估项目。在学年开始前的 8 月留出时间进行高强度的项目规划仅仅只是解决方案中的一部分。至少每周一次的项目会议也很有必要，会议的时间要与繁忙的在校日错开，在提早放学的星期三进行项目例会对老师的时间来说是一个很好的解决办法。

第五章我们将会描述学校结构的更多细节。

六、项目式学习小贴士——维思风格

本书主要论述了为什么项目式学习是学校变革至关重要的组成部分，也解释了在这样的变革情境中如何恰当地实施项目式学习，但它不是项目式学习的详细介绍读本，这已经超出本书的范围了。详细介绍有关项目式学习的书已经存在，我们也经常参考它们。巴克教育研究院（www. bie. org）十多年前对项目式学习做出了理念上的贡献，他们的很多书、网络资源，以及项目式学习工作坊都很不错，是很棒的切入点。（透露一下，鲍勃是以前的董事会成员，贾斯汀是现在的董事会成员。）我们也推荐阿德里

---

① "区块时间表"是一种学术学习时间调度方法，这种方法通过减少每天上课的数量，增加每门课的课堂时间，通常一天排 4 门课，每一门课是 90 分钟，帮助学生把精力集中在较少的科目上。

亚·斯坦伯格（1997）的《真正的学习，真正的工作》（*Real Learning，Real Work*）这本书，其中的"项目设计的6A"（six A's of designing projects）深深地影响了我们实施项目式学习的方法。

让我们继续完成对竞选广告项目的描述，这样我们可以提供一些多年来我们在设计和实施项目中学到的具体的项目式学习的方法。在下文中，我们会简要介绍一些其他的维思项目，你可以看到更多的案例。

（一）从课程目标开始

这个竞选广告项目并非始于一群老师围坐在桌子旁想"这个秋季学期做什么项目最棒"，但的确是始于一群老师围坐在桌子旁（一个不能忽视的重点），他们讨论的问题却是：

- 今年我们的"大观念"课程目标是什么？
- 哪项共同核心标准需要特别关注？
- 今年结束之前，我们的课程需要完成哪些符合档案袋要求的表现性任务？

良好的多学科项目来自交叉的目标。在这个案例中，政治老师和英语老师都明确了学生需要发展非小说文本的研读技能；数字媒体老师则希望他的学生在解决社会问题时应用视频剪辑技能，很明显这与政治课有交集；除此之外，英语老师还强调了一些他的课程的重要概念：视角、修辞（内涵）以及议论文写作。项目还需要利用良好的机会。遇上选举年，政治老师很自然地想要探讨诸如选举的复杂性和如何才能成为知情的选民等问题。

我们中的一位老师之前做过一回竞选广告项目，建议说这可能会是一个不错的选择。经过适当的调整，我们觉得这个项目可以把我们不同的课程目标整合起来。（许多良好的项目式学习都是对之前项目的改进。）

在讨论进行到某个点的时候，有两种表现性评价形式呈现在我们面前：论文和视频。论文将提供非小说文本分析的论据和论证技巧；视频将提供创造性、技术能力、项目管理以及合作的证据。请注意我们仍然没有针对展示提出一个本质的问题或者提供完整的视频版本。但是鉴于已经确定了两个能整合我们的课程目标且能调动学生创造性的表现性评价，我们认为这是一个有意义的项目。

表现性评价为项目式学习的繁荣发展播下了种子。

（二）项目规划：尽你所能

我们不是要美化它——一旦一个项目开始，它就是你要用尽全力去坚持的事情。

因此，项目前期工作做得越多越好。我们的意思是，项目正式在学生中启动前，我们应该起草并组织好所有所需材料——计划表、各种基准文本、各种评分规则相关网站（如果有的话）等。［"附录"包含了"维思项目规划模板"（Evision Project Planning Template），我们希望您能使用它。］

这个建议来自硬汉拓展营学校（the school of hard knocks）。在开始具体化各种细节之前我们要明确知道启动一个项目是怎样的。老师只是做他们有时必须做的事。偶尔地，通过纯粹的勇气，那些在过程中设计的项目仍能发挥他们的潜力。但更常见的情况是，这些项目在某些方面功亏一篑。

项目简介：竞选广告项目

怎样改变选民的决定

［为十一至十二年级设计］

11 月 3 日，星期一，选举前夜，每一组需要给学校社区的登记选民播放一则关于一个具体的加州议题的竞选电视广告。广告的目的是说服你们的观众在第二天如何在加州的选举中投票。

在这个项目中你们要创造的主要成果是：

• 一则所选议题事件的简介。

• 基于目标选民采访的焦点小组研究。

• 一则为即将到来的大选公民投票而制作的竞选广告（30 秒或更少）。视频符合毕业生档案袋的要求。

• 一篇议论文，为竞选广告中主张的立场提供持续的和基于证据的案例，对相反的立场进行抗辩。文章符合毕业生档案袋的要求。

需要这个项目的完整资料，请登录：

http：// teacher.justinwells.net/CampaignAd/

竞选广告项目要达成的一些共同核心标准

十一至十二年级

W1：运用清晰的理由和相关证据来支持论点。

RI6：针对一篇修辞非常好的文章，判断作者的观点或意图，分析写作风格和内容是如何影响文章的力度、说服力和美感的。

RI7：整合并评估文字和不同媒体或形式（比如视觉的、定量的）所呈现的多种信息资源，用以解答或解决问题。

RI4：判断文章中使用的词和短语的意思，包括修辞的、隐含的以及科技的含义；分析作者如何在通篇文章中使用和提炼重要术语的含义。

W7：为回答一个问题实施一个简短的研究项目（包括一个自我激发的问题）。借鉴几个来源，形成相关且聚焦的问题，进行多途径的探索。

W8：从多种纸质和电子资源中收集相关信息，有效使用搜索术语；评价每个来源的信度和准确度；引用或复述别人的数据和结论时避免剽窃，遵循引文标准格式。

对一些老师来说，做长期规划很自然，但对我们大多数人来说，这是一项艰巨的任务，甚至让人感到很假，就像你在开学很久之前就已经备好课了。提前备课对思考项目规划来说是一个有用的方式，它让你能预先估计在项目上需要花费的时间。

但是一旦你在项目开始后才感觉到它应该是怎样的，你就很难再回头去弥补了。良好的规划和充分的准备为项目管理两个重要的方面争取到了时间：（1）监控学生的进步；（2）修订相应的计划。

达到这个目标就需要给项目规划所需的时间和空间。在学年开始前的 8 月集中，开会商讨项目规划是一个有效的解决方法。学年中也可以开一个类似的会议用来反思目前的项目和规划春季项目。

因为时间问题，竞选广告项目的提前规划需要做得非常充分。为了让展览看起来尽可能的真实，我们计划在 11 月选举日之前的星期一晚上，对学生的竞选广告进行筛选。从开学的第一天到展出的那晚我们只有 10 周的时间来准备。我们意识到如果我们不在开学的第一周就启动项目的话，学生们根本就没有时间来学习他们所需要的知识，也创造不出我们希望他们创造的有质量的作品。

所以我们要确保在开学的第一天之前就做好详细而连贯的项目规划。我们计划好基准，具体化主要的表现性评价，就好比建立了脚手架，找到了支撑材料，并预留出了我们需要彩排和展览的空间。所有这些都放到专门的项目网站（http：//teacher.justinwells.net/CampaignAd）上。

我们知道我们的项目需要在实施的过程中不断修正，我们的许多决定都是建立在理想的条件上的。但是我们必须从实践中吸取经验：你规划得越详细，你就能越灵活地去改变它们。

（三）拟定一个良好的驱动性问题（但不要高估它）

"怎样改变选民的决定？"

这就是竞选广告项目的驱动性问题（driving question），它例证了驱动性问题（通常被称为核心问题）在项目设计中所扮演的两个重要角色。

首先，驱动性问题有助于学生和老师关注项目焦点。巴克教育研究院（拉默和梅根多勒，2012）说，"没有驱动性问题的项目就像是一篇没有主题的文章"（p. 2）。项目焦点也有助于师生更深地理解项目目的。

> 没有驱动性问题，学生们可能不理解他们为什么要承担这个项目。他们知道这一系列布置的任务与时段、地点或概念都有关联。但是当被问到"这些活动的意义是什么"时，他们也许只能回答"我们在制作一张海报"。（p. 2 - 3）

其次，驱动性问题奠定了基调——具体来说是一个探究的基调。它们提醒我们所有知识——包括学生在书本上学到的任何知识——其存在的原因都是目前有问题需要我们去寻求答案。此外，好的驱动性问题可以同时具备指导性和开放性，在结构和选择之间达到很好的平衡。

总的来说，我们提醒您不要像有些教育者那样把驱动性问题看成最重要的东西。驱动性问题是项目式学习的一个重要组成部分，但其作用往往被过分强调。许多人把它们看作必需的起点——在问题确定之前不做任何规划——然后会陷入理念上的解读或措辞上的修饰而不可自拔，最终提出的问题通常是浮夸、主观且无法解答的（至少对只学了几周课程的学生来说是这样的）。

"什么是自由？""我们能结束种族主义吗？""生命之间是如何相互关联的？"

不是说这些问题不重要或不足以让学生去讨论，但是如果当一个项目结束时，学生没法用项目开始后所学的知识来回答这个驱动性问题时，那这个问题可能更多的是为了取悦老师而不是服务于学生。

根据我们的经验，一旦项目启动之后，比驱动性问题更能激发学生的是他们对自己最终令人兴奋的作品的期待。驱动性问题可以成为他们设计的起点，但并不是一定要这样，正如写论文的人写在纸上的第一句话并不一定是文章的论点一样。用于项目设计的另一个同样有效并且实用的方法就是追问："学生学习的最终作品是什么？他们如何与他人分享作品？"

我们拟定的驱动性问题，学生在创造作品后就能回答。有时，作品本身就是问题的答案。

在竞选广告项目中，我们并没有从一个驱动性问题开始。我们从对预期结果的愿景开始：学生展示有关投票立场的政治广告。创造广告的行为就是为了促使他们对开放性的问题给出一个实质性的答案："怎样改变选民的想法"。

视频 9：为分水岭项目创设一个驱动性问题

在规划会议上，一群老师（包括鲍勃和贾斯汀）正一起为九年级的一个项目创设一个驱动性问题。

Thom Markham, Sr. Program Dir.
Buck Institute for Education

（四）"什么将会让观众感到激动？"最终作品的设计

本书所述都是关于以学生为中心的学习，但是有时实现目标的最好办法不是走直路而是走弯路。设计高质量项目的一个很棒的办法不是先考虑学生而是先考虑观众。

在维思学校，我们推崇的学生作品，是不考虑制作者的年龄，只第一眼就能给人留下深刻印象的作品。我们讨厌这样的话——"对高中生来说能做成那样已经太好了"，我们尽量避免这种情况。由于像 iMovie 这样神奇的消费软件的存在，以及我们对学生能达成目标的信念，我们相信我们的学生能创造出 30 秒的广告，且无论在内容还是风格上都会达到平常在电视上看到的广告的质量。

但我们仍然发现了一个干扰项：学生的声音。几乎所有的竞选广告都有一个口述的声音，学生们的设计也应该遵循那种形式。但是青少年的声音听起来就是青少年的声音，这没有办法改变。他们的广告可以具备专业的质量——良好的剪辑、背景音乐、字幕，但是如果配上的是一个青少年的声音，观众会不可避免地想，"哇，对青少年来说能做成那样实在是太好了"。

所以，我们禁止在广告中使用他们自己的声音。对这个项目来说这又是一个附加的挑战。学生们需要找成年人来帮助他们完成文本的录制。

这个简单的项目要求把 4C 能力提升到另一个层次。学生们需要通过合作来完成这个挑战，同时他们也要和新加入的成年人沟通。为了有效地完成这项任务，也为了尊重成年录制者的时间，他们需要管理好时间和技术的运用。

但是在那之前，学生们都必须批判性地思考他们需要找的是哪种声音。这个项目已经要求他们组织焦点小组，并确定他们的目标摇摆选民。一旦确定了选民，每一个设计都需要明确针对选民来制订。所以现在需要考虑的问题是：哪种声音能最好地传达我们的信息，对我们的摇摆选民来说最可信？是一个对 20 来岁男性选民来说带着深信不疑的城市年轻男性的口音，还是一个温暖而慈爱地传递孩子吃健康食品的重要性的年长女性的声音？在他们的广告提案中，学生们需要做出选择并进行辩护。这是一个让人兴奋的问题，同时也让他们的思考更加深入。

我们在这个好主意上跌跌撞撞，不是因为我们在考虑学生的需求，相反，它来自我们对观众的考虑，以及如何让他们留下印象深刻的思考。

（五）界定基准

如果有一个概念能把深度学习、表现性评价、学校设计和项目式学习——本书各个章节的主题统整起来，那就是逆向法。在维思学校，我们通过把项目细分为多个步骤，从后往前来规划项目，即所谓的基准（Benchmarks）。

基准让学生们保持在正道上，同时也使老师们保持联系。镶嵌在项目中的主要表现性评价决定了大部分的基准。其他的就是一些简单的检查点，来检查项目中较小的部分。

有多少基准？尽可能多地为你的特定学生群体搭建脚手架。新生们可能需要更多的基准，高年级的学生则少一些。或许它可能取决于项目本身的复杂程度。基准是为项目式学习提供结构的一个关键机制。

（六）每次都需要方案

在学生提出方案前不要让他们做任何事，最好是让他面对整个班级汇报。

在竞选广告项目中，几乎每个基准都是以学生在班级里提出一个方案的形式来制订的。方案提出之后，要经过一轮很长的反馈，这些反馈来自老师和学生，但主要来自学生同伴。当这个过程变得自然而然以后，学生们会变得特别擅于彼此给出建设性的反馈意见，老师根本不需要说太多，只需要在反馈结束的时候增加或强调某些点。

竞选广告项目的基准

在我们的项目网站中，每一个基准都会链接到有具体细节的网页。详情请登录：

http：//teacher.justinwells.net/CampaignAd/

- 投票评论：截至 9/19
- 团队平台：截至 9/26
- 焦点小组研究：截至 9/29
- 广告处理方案：截至 10/3
- 广告故事脚本：截至 10/8
- 竞选广告初稿：截至 10/22
- 项目注解：截至 10/22
- 竞选广告终稿：截至 10/29
- 竞选广告的公开展示：11/3（选举日前夜）
- 白皮书（最终答辩论文）：截至 12/12

的确，这很耗时，有时一轮方案要经过好几天才能通过。但是就像真实投资的实践功能，最终会得到巨大的回报。学生们遇到的方向性或理解性的问题，会及早得到关注并解决。教师能更有效地在课堂时间内完成形成性评价工作，而不是拖到放学后的时间。最重要的是，对学生来说，花上好几个小时公开讨论质量，是内化质量标准最好的方式。附加的一个好处是，大部分时间是大家一起考虑任务，而不是各自做，这让很多学生能更客观地看待事物。

（七）不做"评分者"，要做"交通警察"

当人们看到那么多基准，然后想象着要做那么多相应的评分，可能会让人无所适从。

这里有个很容易的解决方法，那就是不要做。

不如把自己当作交通警察，把工作的复杂性降低到红绿灯的水平。让学生清楚他需要做什么才能为下一步开绿灯。当一件体现基准的作品出现在你面前时，是亮红灯还是绿灯？大多数时候，这些工作可以在班级里完成。

当然，在某些基准下会产生需要阅读的论文，为了能让项目如期进行，许多时候这些论文需要带回家去评。但引人注目的是，比起使用典型的等级评价量表来评等（grading），使用"准备好—未准备好"两级量表可以使评价快很多。它让你有闲暇去关注学生下一步该做什么才能得到绿灯。可以用几点来总结一下，需要的时候再口头强调要点。

这当然不是对每件事都适用。某些学生作品需要结合评分规则，根据表现做出更详细的判断，尤其是对项目结束时的大作品。

但如果你把你的工作视为指导学生尽可能在哪些终结性评价上获得高分，那么你就要仔细检查所使用的形成性评价的方法。如果为一份体现基准的作品而煞费苦心地想要达到评分规则的要求，而这正是学生为了未来的成功所需要做的，那是很棒的。如果学生同时可以通过及时的反馈来完善作品，那也正是我们所希望的。

（八）思想修正了，好的评价自然会来

这里有一个让你进入良好评价设计思维模式的小窍门：

1. 假设学生在他的第一次尝试中会失败；

2. 然后想象他需要什么才能在第二次尝试中成功。

那其实就是评分规则，一个帮助学生从第一步（失败）走向第二步（成功）的工具。

"失败"这个词在这里有些刺眼，主要想吸引你的注意力。一方面，我们可以夸大地将一篇含有蹩脚段落的文章或者缺乏目光交流的口头汇报称作失败；另一方面，很多时候生活就是非此即彼的。你是否组建了团队，你是否被大学录取了，你是否找到工作了，她是否接受了你的邀请，一目了然。

这就是为什么许多最好的评分规则通常是最简单的，尤其是涉及形成性评价的时候。因为只有两个评分标准：你做到了，或者你还没有做到。需要描述多级别的唯一理由就是与那些没有机会的学生交流。

给学生提供修改的机会会让有些老师感到担心。他们害怕如果学生有第二次或者第三次修改机会，他们就不会在第一次中尽力。

这种情况时有发生，我们不能假装这种情况不会发生。但是它被一个更重要的现象覆盖了。把失败当作理所当然的老师——也相信通过修改带来的回报，并把那种信念融入项目规划中——倾向于让学生达到更高的标准。如果有修改的机会，教师和学生就不会满足于"差不多就好了"这种弥漫在我们学校的麻木的、令人泄气的平庸状态。反之，他们更有可能在作业上写上具体的、如何修改得更好的指导意见，然后还给学生。当老师知道学生有另外一次机会时，他通常会对该学生要求更严，这是件好事。

（九）"星期五夜之光"

周一晚上，即11月选举日前夜，整个学校共同体的人都涌进了校园礼堂。

现在是晚上7点，选择这个时间是为了确保尽量多的家长在工作结束后能来参加。从开学的第一天起，学校就大力宣传这次展出，因而全场座无虚席。家长的参与使这次竞选广告项目的意义远远超过一次学术锻炼。家长们都有投票权，但是学生没有。对家长们来说，这次的活动是为了更多地了解明天的投票机会。对学生来说，这是一个影响家长如何投票的机会，也是他们第一次积极参与民主活动。

灯光暗了下来，礼堂变得安静了。一位年轻男士携一位年轻女士走到台前，欢迎观众的到来，然后介绍今天晚上的活动内容。

我们把这些展出称之为"星期五夜之光"（Friday Night Lights，尽管很少真的在星期五举行）。我们参考了那部很受欢迎的有关得州高中橄榄球队的电影改编版电视剧《星期五夜之光》，在这部剧中，星期五晚上的比赛是一场强大的、能引起万人空巷的文化盛事。我们学校想通过诸如竞选广告这样的项目来展示学生的学习成果，创造同样的活力和社区联结。真实的观众是项目式学习的最基本的原则，因为他们是学生努力和动力的来源。并非所有的项目都可以或能够是全校性的，但当它们在全校范围内开展时，都会产生很大的影响力。

项目简介："感人的声音"项目
几乎每个美国人都来自他乡。你来自哪里？

［为九至十二年级设计］

美国的历史是人口迁移的历史，而我们也是这些迁移人口的一部分。这个项目提醒我们，这个国家的历史不仅仅是发生在总统身上的故事，它同样也是发生在我们的父母、祖父母、曾祖父母、曾曾祖父母、曾曾曾祖父母身上的故事。那样的故事在教科书里找不到，但是可以在阁楼的盒子里，黑白照片上，以及你祖母讲述的有关她祖母的疯狂故事里找到。

在"感人的声音"项目（Moving Voices Project）里你要创造的主要作品是：

• "感人的声音"的故事——在针对家族档案进行采访和研究的基础上，从某位亲人的视角讲述一个虚构的历史故事。有资格成为毕业生档案袋的作品（创意表达）。

• 独立的研究论文——研究一段能够阐释你的家族故事背景的美国历史。有资格成为毕业生档案袋的作品（研究）。

• 戏剧独白——为展出之夜设计的一个生动的故事。有资格成为毕业生档案袋的作品（创意表达）。

• 项目网站——最后发表学生创作的所有作品的地方。

想要了解该项目的完整信息，请登录：

http://teacher.justinwells.net/MovingVoices/

超过两名学生上台对提议 1A 做了一个简短的、事实性的解说，那是关于在加利福尼亚修建高速铁路的一个有争议的提议。然后在舞台前几排就座的四位同学站了起来，他们是支持 1A 提议的 30 秒竞选广告的创作者。广告开始在大屏幕上播放。

更多竞选广告项目中学生创作的广告请登录：

http：//teacher.justinwells.net/CampaignAd/campaign-ads - 2008

大屏幕上要播出很多广告，所以今晚的活动安排必须精确无误。不同的学生在既定的时间站起来、坐下，或走到前台，所有彩排的辛苦都得到了回报。基于项目的展示教给学生的很重要的一课就是如何专业地呈现作品。

在这些广告快速播放完以后，观众们也了解到了其他的投票提议，包括饲养农场动物的提议，未成年人堕胎的家长通知书提议，新能源发电提议，同性婚姻提议，还有重新划分行政区提议。广告的播放持续了一个多小时，结束的时候礼堂里响起了热烈的掌声。

广告播放结束后，在休息室里不仅有饼干、咖啡，还有祝贺的拥抱。在围绕着休息室的学生展厅里，家长们对这个事件了解得更多，同时也让学生们有机会使家长对他们的广告印象更加深刻。

学校的社区活动是件好事，不管它们是关于什么的，也许是一场足球赛，也许是一场音乐会或是假期派对。但在这个国家很少有学校活动是聚焦于学习的，这也是令人吃惊的（科技展览是个例外）。项目式学习带来的众多好处之一，是它让学校有机会把社区聚集起来共同见证它的目的——学习。教导价值观最好的方法就是让他们自己去体验。

（十）关于对学到的东西的反思

展会是高潮部分，它的成功举行需要一些时间和空间来庆祝和放松。然而，这很容易让学生在项目总结中变得马虎粗心，不注意未了结的零星问题。我们不止一次犯过这种错误，我们也经常为此感到遗憾。

在重要展会结束后的一周内，一定要进行结构性反思。理想情况下，会有全校性的体现毕业生档案袋要求的评分规则和反思表格。学生们需要时间来衡量他们的优点和缺点，考虑他们在过去的这个项目中学到了什么，哪些方面做得还不够好，并且为下一个项目设定目标。所有的这些反思需要使用学校范围的深度学习技能或结果的语言来表达。（比如维思学校的4C能力：有效沟通能力、批判性思维能力、有效协作能力和有效完成项目的能力）。

除此之外，这些反思应该被存档，这样学生在准备毕业生档案袋答辩时可以用来作为自身成长的证据。

七、项目式学习可以在你的课堂里开始

"项目式学习很棒，但是老师们很难去做好。"我们已经无数次听到过这句话了。项目式学习真的有这么难吗？只有少数熟练的老师、具备创新精神的学校以及有活力的校领导才能实现高质量的项目吗？我们并不这样认为。

到这里为止，我们以相当粗的线条描述了项目式学习。竞选广告项目确实是显而易见的项目式学习：三个学科领域的师生聚在一起工作几个月，最后以一场全校范围的晚会告终。

我们很清楚激发活力和制造焦虑之间的细微区别，所以我们在这儿重申一下大规模并不是项目式学习的一个主要特征。项目并不需要都与竞选广告项目的规模一样大。它们也不需要耗时这么长、涉及这么多的合作或以这么大的作品来结束。较小规模的项目，不管是从时间还是合作量上来说，都和大规模项目一样合理，或许比大规模项目还重要。

回想一下我们对项目式学习的简单定义：项目是随着时间推移而产生的一种创造行为。这可能会在一天之内发生，而且经常会这样。世界上大多数的项目的规模都小得多，通常发生在一间教室里。

我们应该鼓励老师们增加一些项目式学习的部分来调整目前的工作，而不是要求老师一夜之间变成项目式学习课程的"演奏大师"。

这个部分介绍了一些现在马上可以在你的课堂中实施的项目式学习的简单方法。在你现在所处的情境下就可以应用一些我们的设计原则。

（一）问："什么是有创造性的下一步？"

项目式学习不是对教育范式的彻底颠覆。我们把项目式学习看得比较简单：老师和学生花一些时间去完成他们已经开始的学习之旅。如果你认同"创造是理解的最高形式"这条原则的话，那项目式学习就是引领学生学习，最终得出符合逻辑的结论。图 3.2 向我们展示了一些简单的例子。

学术主题	传统的结尾	现在具有创造行为的结尾
希腊戏剧	希腊戏剧的文学分析	撰写一则关于现代生活的悲剧故事，体现悲剧体裁的核心要素
物理：简单机械	有关简单机械的单元测试	设计制作一个复杂的装置，这个装置要用到至少 4 种简单机械。把每个力计算并记录下来
一个语法单元	一个语法测试	制作一个视频，用身边的事物来讲一个语法概念
《荷马史诗》（或者一个给定的文学作品）	一个基于情节的多项选择题测试和一篇课堂论文	用一个艺术作品来解释文学作品，用文学术语说明你选择艺术作品的原因
世纪之交的移民的转变	有关移民的单元测试：简答题和多选题	采访一个你所在社区里的移民，比较并分析其经历与 100 年前的移民的经历的差异，在博客上分享结果
宪政民主	有关宪政民主政府概念的单元测试	为一个新建立的国家设计一部新宪法，证明你的选择是基于这个国家的历史、人口以及经济环境等情况的（见 "A Government for Xlandia" on bie. org）

表 3.2　有创造性的下一步

（二）转变顺序：先是挑战，再是教学

凯文·甘特（Kevin Gant），全国最具才华和鼓舞人心的项目式学习的老师之一，他常说，项目式学习对你的教学内容并没有多大改变，它更多的是改变你教学的顺序。

在生活中，挑战总是先出现，然后我们才知道怎样去迎接挑战。然而出于某些原因，教育已经习惯于对调这两者之间的顺序——教师先教学，然后给学生一个挑战（通常是测试）。

从本质上来说，项目式学习正试图重建学习的自然顺序。就像生活一样，项目式学习首先会提出一个挑战，一个难题，或者是一个你还不能回答的问题。从这开始，学习就有了目的。

尝试：选择一个教学完成后会提供挑战的单元，然后简单地调换它们之间的顺序，先呈现挑战（你可能需要把问题润色一下，使其变得更具启发性和参与性）。

挑战提出之后，老师在课堂上让学生们就他们"需要知道什么"来迎接挑战进行讨论。无论是大事还是小事，如果学生觉得这是他们最终取得成功所缺失的知识或者还未获得的技能，就记录下来，这就是班级里学生"需要知道"的清单。如果你把挑战设计得足够仔细，那么学生生成的这张"需要知道"的清单会和你"需要教"的清单非常吻合。

一个单元的教学就是完成班级同学的"需要知道"清单。你所上的大部分课会如之前一样进行得很完美，但只有现在是学生自己在寻求问题的答案。

项目式学习的根本转变不在于教学机制的转变，而在于学习者思维模式的转变。老师们通常会高估项目式学习的难度而低估了它的力量。

（三）把单元变成问题的形式

思考前一部分所陈述观点的另外一种方式，就是使用问题驱动所有项目、单元以及课。物理老师在处理有关桥梁的固体实验单元时只需改变一下重点。她没有让学生去做一个关于建造坚固桥梁的方法的实验，而是问学生这个问题："什么是建造最坚固的桥梁的最好的结构设计？"她可以像原先一直做的那样去教内容，可是现在学生需要把知识运用到桥梁设计中去。不是所有桥梁设计都是坚固的，但是坚固肯定是多数人的追求。最重要的是通过运用，学生能够自己掌握这些内容。

（四）让学生进行面试

维思学生需要完成一篇大学准备研究论文（college-ready research paper）才能毕业。这可以是一个非常学术的任务，也可以是阿德里安·斯坦伯格（1997）项目式学习 6A 内容之一——关于成人关系的实践任务。例如，一篇历史论文需要学生去采访一位成年人——在学校之外的——可以是经历过那段历史时期的人，也可以是该领域研究的专家，例如大学教授。

除了学习研究过程和历史内容，学生还学会了如何去定位一种资源和安排一场面试。我们看到了这个方法对细节的注重以及对质量要求的显著提升。学生希望被采访者能够对他们的论文留下深刻印象。

项目介绍：《地狱》马赛克复述项目
作为一位艺术家，我应该怎么解释但丁的《地狱》?

[为十一至十二年级设计，替代九至十年级的荷马史诗《奥德赛》项目]

700 年以来，在《神曲·地狱》中但丁对地狱的描述引起了艺术家们的想象。现在轮到你们了，设想你们作为艺术家，以你们的才华继续《地狱》中艺术想象的传统。

我们对但丁《地狱》的阅读以马赛克复述项目告终。同学们把但丁在地狱旅程的重要场景和情节分成了几个部分。你需要仔细分析你的那部分，然后以你受到启发的方式创造一件艺术品来复述《地狱》中的情节。

最后，整个班级把所有艺术复述的作品以马赛克的拼贴方式，在学校社区进行戏剧性的展示。

你怎样复述你那部分的情节完全取决于你，任何的艺术形式都可以被接受：戏剧、音乐、诗歌、绘画、雕塑、动画、漫画、木偶戏、电影、广播、舞蹈等。所有可能的形式都可以。

为这个项目你们要创造的作品是：

• 一件解读《地狱》情节的艺术作品。

• 艺术作品的戏剧展示。你将和其他三位同学一起计划、写脚本、排练整个场景。

• 一篇有关激发你艺术作品灵感的《地狱》情节的文本分析文章。该文章有资格成为毕业生档案袋作品。

想要了解此项目的完整信息，请登录：

http://teacher.justinwells.net/InfernoMosaicRetellingProject

观看"视频6：《地狱》马赛克复述项目"（参见第二章），可以了解为这个项目创造的艺术作品样例以及展示的场景。

八、回答怀疑论者

鲍勃在促使项目式学习成为学生获得大学和职业成功的主要策略的学校担任教职和领导工作很多年，遇到过许多教育者和家长质疑项目式学习的严谨性和有效性。很多关于项目式学习的问题和观点揭示了关于教、学、评价的严重的认识偏差。这些谬误阻碍了学生的学习机会和为学校之外的世界做准备的机会。

以下是鲍勃收集的人们对教、学、评价认识的偏差，它们通常以这样的方式表达：

有关内容的认识偏差：

- 我教学生什么，学生们就学什么。
- 为了进入初中、高中和大学，学生们需要掌握学科领域所有的内容。
- 如果我不教这些内容，我怎么知道他们学会了？
- 我要教的东西太多了，我没有多余的时间用来做项目。

有关严谨性的认识偏差：

- 如果学生能在有关知识点的测试中考得很好，那么就意味着学生知道这些知识并能把它们应用到新的情景中。
- 你布置的家庭作业越多，你的课程就越严谨；花在完成任务上的时间＝严谨。
- 项目式学习在让学生参与方面很棒，但我担心在学术上它不够严谨。

有关人口统计学上的认识偏差：

- 项目式学习对中产阶级的白种人学生最适用。
- 这些项目适合你的学生但不适合我的学生。

让我们一个一个地解开谜题。

（一）有关内容的认识偏差

有关内容的认识偏差有两种形式：（1）如果老师不告诉学生要学什么，他们就什么也不会学。（2）学生需要学习学科涉及的所有知识，然后才能达到更高的水平。事实上，研究表明互动学习使学生的学习效果达到原先的 3 倍（Lambert，兰伯特，2012）。老师相信只要他教了，学生就学会了，但事实上，学生通过探究、应用、展示、交流和元认知（metacognition）才能学会新知识和新技能。

根据大卫·康利在《大学知识》（2005）里说的，很多教大一课程的教授认为学生不知道课程内容，所以又开了课来教学生高中时就学过的内容。他们希望有更多的学生来的时候已经习得了"关键的认知策略……比如解决问题的技巧、开展研究、解释结果以及构建有质量的产品"（Vander Ark，凡德·雅克，2012）。雇主们也表达了同样的需求，并计划给新员工教授他们的内容。我们还没有看到对九年级教师相关问题的调查，但我们敢说结果是一样的。高科技高中（High Tech High）的拉里·罗森斯托克（Larry Rosenstock）和罗伯·赖尔登（Rob Riordan）用一段 YouTube 视频进一步推动了这一观点："改变学科教学：使用项目式学习的理由。"

（二）有关严谨性的认识偏差

对严谨性的认识存在偏差的人，总是认为告诉孩子记忆和反复复习（大量）的知识就是严格，这也导致了对内容的认识偏差。家庭作业的数量经常被当作严格的测量标准。（"这个老师真的很严格。她每天都要布置两个小时的家庭作业！"）然而，这种所谓严谨性跟学生大学和职业成功所需要的技能和性情完全不匹配。正如哈佛教授托尼·瓦格纳（2008）所说："我还没遇到过说'不知道足够的学习内容是个问题'的毕业生、大学老师、社区领导或商业领导。在我的采访中，每个人都强调了批判性思维、沟通技巧以及合作的重要性。"

（三）有关人口统计学上的认识偏差

当鲍勃在圣安瑟莫的圣弗朗西斯·德雷克爵士高中工作的时候，他带了一个以中产阶级白种人学生为主的班级。有好几百个教育者来到他的学校学习他如何实施项目式学习。不幸的是，他不知道有多少次听到这样的观点："这真是太棒了，但它永远不会对我们的学生（低收入的黑种人家庭学生）适用。"维思学校起源背后的动机是证明这些人错了。我们认为所有学生都应该有通过项目和表现性评价进行知、行、思的机会。在维思学校，超过 65% 的学生都来自低收入家庭，超过 85% 的学生是有色人种，并且超过 70% 的学生将会是他们家庭里第一个上大学的孩子。他们正在创作出优秀的学生作品，也在大学和职业中取得成功。现在，当人们来维思学校参观的时候，他们看到"他们的学生"参加了严格的相关的项目式学习时，他们会问："我们如何在我们的学生身上实施项目式学习？"

为什么需要项目式学习？

问：项目促使大家参与吗？ 答：是的。

问：项目好玩吗？ 答：是的。

问：学生们喜欢在学校里做项目吗？ 答：是的。

问：这就是为什么我们把项目式学习作为成功的关键策略的原因吗？

答：不是。

我们实施项目式学习是因为项目式学习是最好的方法，它让学生同时做到：

- 学习并掌握主要的知识和技能（"知"）；
- 展示和应用所学的知识和技能（"行"）并且学会学习；
- 建立将所学的知识和技能迁移到新的不同的学习机会的能力（"思"）。

在《重新界定的严谨性》（*Rigor Redefined*）一文中，托尼·瓦格纳（2008）对教育者、家长以及政策制定者们提出了这样的挑战：

是时候根据 21 世纪标准为我们也为学生来界定一个更高要求的"严谨性"新标准了。是时候由我们这个行业来共同倡导一个能促进教学并测评重要技能的问责体系了。学生的未来处于风险之中。

我们都非常同意他的观点。是时候揭开所有关于项目式学习的谜团和错误认知了，是时候培养教师和领导者重新设计课堂、学校和学区的能力了，只有这样，我们的年轻人才会有一个光明的未来。

九、学生记住的是：他们的教育故事

贾斯汀遇见过的最好的历史老师恰好是他读六年级时的老师。早在 20 世纪 80 年代初，南希·特雷西（Nancy Tracy）就在教授古代世界史。大部分课程是相当传统的：阅读教材里有关美索不达米亚、埃及和希腊的章节，以及测试要求记忆的历史事件的细节。

南希要求学生概述每个章节，仔细分析每句话，督促贾斯汀和同学们用尺子比着把罗马数字和阿拉伯数字写整齐。

换句话说，南希的课程被认为是相当"老派的"。但是在内心深处，南希知道埃及和希腊的史实并不全像她教给学生的那样。她教给学生学习技能和大观念，即人类从不完整的数据中重构历史方式的大观念。无论她教哪个远古时代的历史，南希都想要大家明白我们对古代民族的概念是基于对不完整证据的解读，而且不管是证据还是解读都不是静态的。

南希同样也知道这种重要的概念值得更深入的挖掘，这种深入的挖掘不是阅读和讨论就能做到的。因此，在学年中，班级开始了考古挖掘项目（Archaeological Dig Project）。她把全班分成两组，分别为他们找好碰头的地点，要求他们运用在学习希腊人、埃及人和美索不达米亚人之后学到的文明概念中的标准重建一种文明。另外，各组之间要完全保密。

贾斯汀和他的组员们要制作一件能代表他们的文明的史前古器皿。他们发明了一个字母，把它刻在泥版上，使它成为能被辨认的古迹；然后，把泥版弄成碎片——这就是他们的"罗塞达石"；他们把泥版碎片分散埋藏在学校的沙盒里作为发现文明的线索。另外一组同学为了发现并解读这些线索，用上了真实的考古工具和技术：刷子、砂筛、网格线以及认真地做笔记。

在对这些数据进行解读并试图填补空缺之后，组员们针对发现的文明形成了看法。这些都为难忘的最后一天做好了准备：文化解读组将他们的发现展示给文化创造组，然后创造组揭开"真相"的面纱。结束后两组再交换角色展开同样的活动。

针对每一处错误的滑稽解读，学生们都要做出准确的分析。该项目是难忘的。贾斯汀可能会记不住埃及法老的名字，但他肯定记得南希希望她的六年级学生明白和把握的意义：我们的历史知识是耐心的研究者通过艰苦细致的工作得来的，而且他们的结论也不总是对的。

贾斯汀每次被要求回忆中小学时代一次难忘的学习经历时，这个故事是马上能跳进他脑海里的两三个故事中的一个。南希没有把它叫作"项目式学习"，在20世纪80年代初的时候还没有这个词语。但当贾斯汀在鲍勃的第一所项目式学校里工作的时候，他立即就明白了为什么鲍勃让他通过项目的结构来传递内容。南希已经教会他设计良好的学习经验——既有创造性又有知识性——可以永远烙印在学生的记忆中并改变学生对这个世界的看法。

视频 10：影响力学院的学生谈政府项目

教育与生活的相关性至关重要。影响力学院的学生拉希尔（Rahil）讲述了为一个美联社政府项目审视和分析移民法的经历——作为移民家庭中的一员，这个话题对他来说很有意义——并反思深度学习对他来说是"内化信息"。

项目介绍："比尔·奈伊和我"项目
你如何教授一个复杂的科学概念？

［为十一至十二年级设计］

我们大多数人都很熟悉比尔·奈伊（Bill Nye），那个通过生动有趣的电视节目教孩子科学概念的科学家。在"比尔·奈伊和我"项目（Bill Nye and I project）中，你们将尝试去做比尔·奈伊，通过电影教孩子科学。

科学素养是 21 世纪任何一个受过教育的公民的必备条件。一个有素养的人不但要了解科学，还要能够把科学知识传递给那些还不懂的人。

在这个项目中，你们将以小组形式研究物理或数学中的一个焦点话题，并成为这个方面的专家。从 10 本中选择 1 本含有一个特定的科学或数学概念的非小说类书籍开始阅读；然后写一篇相关主题的独立研究论文；之后你和你的团队将合作策划和制作教小学生数学或科学的教学视频；最后，还必须寻找一所当地的小学并与之建立联系，在那里上一节课，其中要用上小组设计的视频和一个动手做的学习活动。

你为该项目创造的主要产品是：

- 科研论文——在老师的指导下从物理或数学科中选一个主题。该论文有资格成为毕业生档案袋的作品。
- 纪实的教育视频——面向小学生，使用电影和 Flash 动画。
- 上一节课——在旧金山的一个小学课堂里呈现视频并且教授小学生该概念。

有关此项目更详细的资料，包括基准和非小说类书籍列表，请参见：

http：//teacher.justinwells.net/BillNye

你们也可以观看这个项目实施的视频。维思教育与圣贤基金出品的项目式学习系列的视频包括了实施项目的六部曲。以"比尔·奈伊和我"项目为主体，这个系列包括了规划、实施、监察、展示、评价以及管理项目式学习的经历。观看维思教育整个系列的视频请登录 YouTube 频道：

http：//tiny.cc/BillNyeandIvideos

参考文献

1. Allen，D. (2001). *Getting things done：The art of stress-free productivity*. New York，NY：Penguin Books.

2. Boss，S. & Lamar，J. (2013). *PBL for 21st century success：Teaching critical thinking，collaboration，communication，and creativity*. Novato，CA：Buck Institute for Education.

3. Conley，D. (2005). *College knowledge：What it really takes for students to succeed and what we can do to get them ready*. San Francisco，CA：Jossey-Bass.

4. Ferlazzo，L. (2013，January 20). Response：Best ways to prepare our students for CCSS in Language Arts [*Classroom Q & A* blog post]. Retrieved from http：//blogs.edweek.org/teachers/classroom_qa_with_larry_ferlazzo/2013/01/response_best_ways_to_prepare_our_students_for_ccss_

in_language_arts. html

5. Lambert，C.（2012，March-April）. Twilight of the lecture. *Harvard Magazine*. Retrieved from http：//harvardmagazine.com/2012/03/twilight-of-the-lecture

6. Larmer，J.，& Mergendoller，J.（2012）. *Eight essentials for project-based learning*. Buck Institute for Education. Retrieved from http：//bie. org/object/document/8_essentials_ for_ project_based_learning

7. Steinberg，A.（1997）. *Real learning，real work：School-to-work as high school reform*. New York，NY：Routledge

8. Vander Ark，T.（2012，June 20）. Q&A：David Conley on college and career readiness. ［Getting Smart blog post］. Retrieved from http：//gettingsmart. com/2012/06/qa-david-conley-college-career-readiness/

9. Wagner，T.（2008）. Rigor redefined. *Educational Leadership*，66（2），20 - 25. Retrieved from http：//www. ascd. org/publications/educational-leadership/oct08/vol66/num02/RigorRedefined.aspx

第四章　变革学校文化

我们每个人都有长处，这些长处得到了充分的发挥。

——维思毕业生保罗·康罗伊（Paul Conroy）

在老师的手中，最简单的教具其实才是最有效的。托尼·哈里斯是第一位受雇于维思学校的老师。如果你见识过他的教学，你就会发现，哈里斯先生的全部教学实践和人生哲学都收录在一个简单小巧的"神器"里——一支夹在右耳的黄色铅笔。

现在让我们来想象一下这支铅笔周围的画面。首先映入眼帘的是一头浓密的棕色头发，头发下方连着浓厚的灰熊亚当斯风格的胡须。半支铅笔从浓密的毛发中露出来，从某种程度上使人物形象显得更硬朗也更柔和。而这种矛盾恰好与他所穿的制服相呼应：不变的纽扣领衬衫和领带（教授模样），一并用皮带扎进牛仔裤里，脚上配一双皮革工作靴（工匠模样）。犹如熊一般，哈里斯先生游走在可爱和惊骇的边缘。同学们因此都很喜欢他。

整个教室的焦点集中在那支夹在右耳、如同管弦乐队的指挥棒一般的铅笔上。一个小组的学生拿着纪录片故事板（开始录像前需要做的事情）走近哈里斯先生。学生们把作品放在桌上，哈里斯先生弯下身子看，他们围聚一旁。只见铅笔向上一挥，所有的目光便追随着铅笔挥动的轨迹落到纸上。

这支铅笔会落在右上角吗？他们能够得到梦寐以求的"√"吗？他们的作品达到课题重要基准的预期目标了吗？

哈里斯先生用铅笔从故事板页面中间开始画了一个框框。学生们知道这表示什么意思。"我告诉过你们这儿需要更多的细节，"哈里斯先生说，"这次是进步了，但仍然没有达到目标。"他详细阐述了需要改进的地方，并给出了一些建议。

学生们返回座位，表情看起来有些失望但很坚定。之前也如此经历过，他们知道哈里斯先生的"√"不是这么容易得到的。这种持续不断的反馈对他们来说其实是一种鼓励，看起来他们离成功越来越近了。再修改一次吧，哈里斯先生的铅笔就有可能给他们打"√"了。

一、维思学校文化

当然，我们不是在谈论一支铅笔，而是在谈论这支铅笔的象征意义。哈里斯先生在课堂上创造了一种文化。他巧妙地运用这支铅笔精心创造了一种通过挫折、成长、修正、探究、指导、关心和快乐来进行学习的文化。

到目前为止，这本书把学校变革描述为一个结构性的过程。在本章中，我们认为，结构性的改变是必要的，但还不足以达成我们的目标。

我们的毕业生档案可能是鼓舞人心、辞藻华丽的，学校评价标准可能体现了最好的教学实践，暑期教师专业发展活动可能促成该学年优秀课题的诞生，但如果没有校园文化的土壤使其生长，这些都不可能生根发芽。

为了改变学生们的生活——尤其是那些即将成为家里第一位大学生的学生——我们需要有一种由所有利益相关者支持和推动的校园文化，且这种文化是强有力的、贯穿始终的。和其他许多学校一样，我们也有低于年级水平的学生。如果要让学生在短短四年的时间里取得超过四年的进步，并成功步入大学，我们必须变革校园文化。

校园文化包括驱动人们行为的信念、价值观和构想，决定人们的所思所想、所言所行。我们需要一种由利益相关者（包括学生、教师、后勤人员、学校领导者甚至家长）共同信奉的校园文化来支持各项工作的顺利运作。

在维思学校里，推动学校的规划、方向、决策和日常行为的七个核心理念是：

- 能力不是固定不变的，是可以通过努力来提升的；
- 失败是学习不可或缺的因素；
- 修正是通向精通的途径；
- 知识通过探究不断深化和拓展；
- 教即指导；

- 关心是取得成就不可或缺的因素；

- 学习可以（还应该）是快乐的。

让我们来进一步了解每个理念以及它们是如何被培育发展的吧。

（一）能力不是固定不变的，是可以通过努力来提升的

正如天性与教养的争论，能力固定观（fixed-ability belief）与能力成长观（growth belief）的差异可以归结为一个问题：能力是天生固有的，还是发展变化的？

能力固定观在教育领域（一个与抱负或愿望相伴而生的团体）无处不在，这是多么可悲的讽刺！在教育上我们投入大量的时间、金钱和精力这一事实表明了一种基本信念，即人类可以发展自身的能力。

然而请注意，所有我们日常教学中司空见惯的做法都在逐渐破坏这种信念。我们将学生按能力分组，之后再也没有改变过。我们给学生贴上诸如"英才生"或"学习障碍生"的标签，这些标签只描述了学生目前的状态，而非学习过程中的点滴积累。我们用抽象的综合分、字母等级和数字分数来评价学生表现。对多数作业的评分是一锤定音的：如果你这次做得不好，那只能"祝你下次好运"了。

这些做法的累积效应，就像下雪无声却不可阻挡，要不了多久，"智力是固定不变的，学校的任务只是告诉你在何处积累知识"这种观念就会深入人心，令人窒息。

但是，越来越多的研究显示，能力固定观是错误的（思维具有非凡的可塑性；智商是发展变化的），不管人们认为自己的智商是高还是低，能力固定观对他们学习能力的发展都是不利的。

我们先来谈谈那些自认为一出生就很聪明的人。他们有的只是短时间内的自信，却失去了长期发展的机会。他们不相信努力（"如果我聪明，那么事情对我而言应该都是简单的"），害怕涉及智力的冒险（"如果我失败，人们就不会认为我是聪明的了"）。这种态度阻碍了他们的发展，也限制了通过教育发展他们能力的可能性。

当然，对那些自认为不够聪明的人，能力固定观这样的思维模式所带来的危害更大。他们更加不相信努力（"有什么意义？"），也从不打算尝试涉及智力的冒险（"为什么要费这个心？"）。而对那些学校教育是唯一能改变他们生活的学生来说，这种态度更具毁灭性。家庭贫困的学生缺乏获得丰富学习经验的机会（音乐课、俱乐部体育、旅行等），校园文化既可以成全他们也可以阻碍他们，但通常是阻碍他们发展的。

令人遗憾的是，许多认为自己不够聪明的学生总说这种观念是正确的，因为老师是这样告诉他们的。究竟是怎么样的呢？首先，他们提到老师给了他们糟糕的成绩。调查时发现，他们不会把个人努力和成绩联系在一起，他们认为老师就是成绩的仲裁者——给出决定学生智力水平的字母等级和数字分数。这些学生也会深信不疑地告诉你，他们觉得自己不聪明，是因为老师和他们的互动方式相较于与聪明孩子的互动方式完全不同。他们还会告诉你，如果你不相信我们，可以再问问周围的人。

斯坦福大学的心理学家卡罗尔·德韦克（Carol Dweck，2006）在她那本影响深远的《思维模式：新的成功心理学》（*Mindset：The New Psychology of Success*）一书中分享了一项30多年的研究成果，这项研究剖析了同等天赋的成功人士和非成功人士之间的差异。

是什么决定成功？德韦克认为，成功就是人们相信自身的能力可以改变和提高。能力一成不变的观念会限制人们的潜能发挥，而能力可以改变和发展的观念会促成人们的成功。德韦克将前者称为固定型思维，将后者称为成长型思维。

成长型思维模式产生了极大影响力。拥有成长型思维的人相信他们可以通过努力和勤奋提高能力。他们倾向于迎接挑战，不断跨越挫折，从批评中学习，受他人的成功鼓舞。重要的是，德韦克还告诉我们，思维就像智力一样不是固定不变的，它受周围的人和文化所创造的信息的影响。

视频11：卡罗尔·德韦克关于对表现性评价的看法

斯坦福大学的心理学家、成长型思维的研究者卡罗尔·德韦克分享了维思的教育方法，重点是关于她对向学生传递高期望所产生的积极作用的见解。

在维思学校里，我们不能拥有固定型思维，因为我们的学生面临的挑战太大了。在即将入校的九年级学生中，60％的学生的阅读平均水平只达到六年级水平；20％～

30％的学生的阅读平均水平低于四年级水平。统计资料显示，我们的学生大学录取率低于20％，而进入大学的学生毕业率低于30％。

但是我们的任务是改变学生的生活，具体地说，就是能让他们成功进入大学并顺利毕业。这一任务被看作和"不让一个孩子掉队"法案所设定的目标（到2014年实现100％的孩子都达到精通或以上的水平）一样难以达到。我们的任务无疑是志存高远的，但到目前为止，学生记录却显示我们正在挑战这样的可能性。每年都会有相当一部分在他人眼里不聪明或者自认为不聪明的学生进入大学。维思学校里90％的高中毕业生步入大学，90％的学生坚持到大学第二学年。这样的成功很大一部分归功于在维思学校广泛传播、深入人心的能力成长观。

达卡瓦·格里芬（Dakarai Griffin）是一名城市艺术与科技高中的学生，来自一个贫困的城镇，他和大家分享的故事中的人物是携带刀具的。他拥有极具感染力的笑容和性格，因而很快成为来学校做研究的学者们特别喜欢的一个学生。（有一位学者对达卡瓦特别感兴趣，追踪研究了他5年，看达卡瓦是否能大学毕业。）

九年级的时候，达卡瓦为当地的公共电视台编制了一则数码故事——《我是黑种人》（*Picture Me Black*），备受赞誉。但像大多数学生一样，他来城市艺术与科技高中时，基础数学、阅读水平要落后三个年级。十一年级那年，达卡瓦激动地告诉一位学者，他刚读完一整本书，这是他人生第一次读完一整本书。两年间他付出了很多努力——他的阅读水平越来越接近年级水平——但他仍需要努力学习才能成功进入大学。

视频12：达卡瓦的数码故事《我是黑种人》

通过讲述和拍摄视频，达卡瓦想要说服世界各地的人们摒弃对黑种人男性青年的刻板印象。让我们来看看他是如何看待未来、规划未来以及如何实现目标的。

视频 13：达卡瓦的答辩

2008 年达卡瓦的档案袋答辩小片段突出了他所引用的詹姆斯·鲍德温的语录以及做一个能产生积极影响的非裔美国人的誓言。

达卡瓦在档案袋答辩中获得了成功，顺利毕业，并被多所大学录取。他最后选择了旧金山州立大学。然而，当我们在进行秋季学期入学报到追踪调查时发现，他并没有注册入学。达卡瓦的高三老师联系了他，发现他在注册时遇到了一些困难，放弃了入学，转而找了份工作。老师和家人一起帮他完成了入学所需的文书工作，使他在第二年的春季学期正式入学。后来，他转学到俄克拉荷马州的黑人大学——兰斯顿大学，并于 2013 年毕业。目前达卡瓦是纽约"哈莱姆儿童地带"(the Harlem Children Zone)①的一名学生律师。他计划于 2015 年进入研究生院学习。

达卡瓦的案例是一个令人愉快的故事，也是一个成长型思维的例证。但我们必须意识到，这不单是老师对达卡瓦或者达卡瓦对自己的信心促成了这样的结果，而是两者共同作用的结果。达卡瓦自身自信积极的态度促使他跨越困难和挑战。但有些时候，达卡瓦也需要有人在他跌倒时依然相信他的潜力并扶他一把。达卡瓦的故事提醒我们，老师和学生都需要拥有成长型思维。这样的思维需要渗透到共同体中才能产生整体效应。

那么如何创造一种成长型导向的文化？答案就在于甘地的名句："改变从我开始。"你相信什么？你相信你有能力教授、训练和指导学生从而改变学生的生活吗？你能对多少学生做到这点？几个，一些，还是所有学生？你是否相信即便你不知道如何做，也会去学习吗？你拥有成长型思维吗？

如果你不相信你可以改变自己的实践，那么可能你就没有勇气去改变学生的生活。

① "哈莱姆儿童地带"是一个非营利性组织，致力于给哈莱姆区孩子提供各种教育项目以结束该区的贫穷。

我们通过自己的一言一行来塑造文化，我们塑造我们所相信的，这是文化塑造最好的起点。

对学生思维模式做出准确的评估是创造成长型文化的基础。一旦你理解了德韦克思维模式的特征后，你就会去观察学生的学习习惯和学习成果，判断他们是拥有成长型思维还是固定型思维。

固定型思维的学生给我们提供了如何帮助他们接受成长型思维的重要线索。他们常常将自己的智力水平归因于老师传达给他们的信息，这种信息来自他们与老师之间的互动以及老师评定的成绩。

我们先来谈谈互动。有两种简单的方法可以帮助你发展成长型文化。首先，要对学生在学业上所付出的努力给予具体的反馈。比如："我欣赏你尝试用不同的方法来解决这个问题"，而非"你真聪明"或"你真棒"。其次，让学生定期反思他们的学习。这些简单的改变可以帮助学生在付出的努力和收获的学习成果之间建立联系，从而使他们对自己的学习（和成绩）承担更多的责任。

教师反馈在成长型文化中起着重要作用。成绩会使学生在学习道路上停滞不前。字母或者数字形式的成绩只能给学生提供一个总分，却不能提供给学生如何改进的具体反馈。对学生而言，成绩评定的标准是不透明的，教师与教师之间在评定时也存在很大的差异。在学习质量差不多的情况下，学生可以在一门功课中得到 A 的成绩，而在另一门功课中只能得到 C。这时成绩 A 的获得往往取决于老师而不是你的个人表现。传统的成绩评定法会强化能力固定型文化的发展。

相比之下，哈里斯先生的打"√"行为是成长型思维的具体实施。他用此来帮助学生评价目前的学习情况与预设标准的差距。当他拒绝打"√"时，他不仅传达了对学生潜能的信任，而且也传达了帮助学生成长的关键信息。更多的时间、更多的思考、更多的努力能够并且确实让学生做出了更好的成果。当学生回到自己的座位上再次尝试时，他们也在践行同样的信念。

（二）失败是学习不可或缺的因素

在做战略规划时鲍勃喜欢的一句话是：规划成功的可能性只有 50%，而从经验中学习以及在完成使命的过程中变得更加睿智的可能性是 100%。

换句话说，失败并不是一件坏事，它是学习中不可避免的一部分。作为一个还在不断学习中的机构，如同蹒跚学步的儿童会摔倒一样，我们也会经历失败。

另外一件具有讽刺意味的事是，在教育领域，尤其是在高风险的问责时代，"失败"已经成为贴在持续存在的挑战上的标签。铺天盖地的问题，例如成绩差距、高中辍学率均被贴上"教育失败"的标签。于是我们就如何"预防"更多的失败展开争论。在这个领域，失败变成了非常糟糕的事。

约翰·杜威说得好："失败是有启发意义的。智者能从失败和成功中学到同样多的东西。"（p.142）我们当然相信失败对学习是至关重要的。这里我们讨论的不是毫无出路的失败——导致失去机会、停滞不前或倒退的失败。我们把失败当作一种收集有关优点和不足的反馈信息，进而运用这些信息来改进的机会。若把失败看作一件对学习至关重要的好事，那么它就是人生的导师。

在维思学校，失败是我们有意设计的环节，是我们的一种文化，也必须是一种文化。大多数进入九年级的学生，由于长期在学校里缺乏成功的体验，对失败持有一种个人的消极理解。为了创造出各种各样的成果来表明达到了州立核心标准、拥有了维思学校的素养和领导能力，学生们需要学习如何获得反馈并运用反馈促进自身学习。失败应该成为他们高中和大学生涯中的亲密伙伴。

如何让失败成为学生的朋友？根据哈里斯先生的例子，首先要设置高标准，不要担心告诉学生他们尚未达到标准。同时，要给出具体的建议，并告诉学生如何改进。此外，最重要的是——这一点经常被忽视——要给学生充足的时间、空间和支持来修正。在这样的文化中，失败并不意味着"你输了"，而是意味着"你可以做得更好。获得反馈，修正，然后再试一次"。

蒂安娜·艾贝不仅是家里第一个大学生，也是家里第一个高中毕业生。她来维思学校念十一年级，但是由于学分不够而留级重读十年级。不幸的是，在维思上学的第一年年初，她妈妈去世了，老师们和导师都去家里看望她，以确保她的状态良好并为她和她的家人提供帮助。不久她重返学校，决心勤奋学习以获得成功。她带着这股劲儿坚持到毕业那年，并以足够的学分和平均绩点获得了加利福尼亚州立大学的录取资格，但她还需通过高中最后一年的档案袋答辩。事实上，她的第一次答辩失败了，后来在老师们的支持和指导下，她进行了修正并重新准备，最后通过了答辩。最终她进入索诺玛州立大学的教育专业就读，希望将来可以成为一名教师。

久而久之，维思的老师发现像蒂安娜这样第一次答辩没有通过的学生其实是幸运的，他们面对失败坚持不懈和不断完善的作为是有回报的。因为这种针对失败的变革通过档案袋答辩进行了公开、系统的示范，我们的老师，折服于其所发挥的作用，开始重新创造类似的失败周期，来改善日常的课堂教学，而课堂恰恰是校园文化赖以生存的地方。

视频 14：蒂安娜在第一次档案袋答辩中的失败及修正

在这个视频里，我们可以了解到维思的学生如何与他们的老师一起准备档案袋答辩；也可以了解到对学生而言，失败如何成为他们通过答辩的一个"非常有益的经验"。蒂安娜重新上交了一份更有说服力的档案袋，并取得了成功。

另一个对变革失败至关重要的实践是反思。每天，在各学科领域，学生定期对自己的作业进行反思，这给他们提供了很多机会来思考他们正在做什么，以及评价他们的作业达成（或者未达成）标准的程度。学生们需要在学习中留出一定的时间来承担评价者的角色，评价他们的作业是否足够优秀。这培养了学生的主体性和韧性，同时也培养了一种冒险文化。

（三）修正是通向精通的途径

一位刚从维思毕业的校友在回到母校时，仍然记得当初社会学老师保罗·孔带给她的挫败经历：他不断地将附有评价标准和他的评论的研究论文返还给我，不断地对我说，"还没达到目标。你可以做得更好，再改改"。她已经不记得自己修改了多少个版本，但依然清晰地记得当论文最后被评定为良好时（比优秀低一个等级，但超过了合格标准）自己是多么的自豪。

她有点羞愧地说出了自己在大一时把同一篇论文交给教授，获得 B 成绩的经历。

"我想孔先生是对的，"她说，"的确该得良好。如果再修改一次，可能会拿到 A。"

培养勇气或韧性已经成为当今教育改革的一个重要主题（Tough，图赫，2012；Duckworth，达克沃思，2013）。我们应该如何培养学生这方面的能力，使他们将来不仅在知识上能应对社会生活，也能应对社会生活中所遇到的知识性或非知识性的挑战和失败？

过去，学校培养学生韧性的方法是通过开设关注学生自尊的课程，然后调查学生的自我感觉。在我看来，这种方法是有缺陷的。这让我们想起 20 世纪 90 年代的那场自尊运动，阿尔·弗兰肯（Al Franken）的讽刺恰如其分地概括了这场运动，他在"周六夜现场"（Saturday Night Live）上表演"斯图亚特笑脸"（Stuart Smiley），站在镜子前吟诵圣歌："我很优秀，我很聪明，人们都喜欢我！"

我们认为真正的自尊来自勤奋学习和坚持战胜困难最终掌握知识。这是培养韧性和自信以应对新的、不同的挑战所需要的。

维思的学生没有参加自尊课程。他们参加的是严格的大学预备课程，这类课程与基于共同核心州立标准制订的学校评价标准和毕业生档案袋相一致。通过评价和反思学习过程，学生了解他们应该知道和会做什么来达到精通的水平；最后他们做到了。这就是修正文化的本质。

在修正文化的氛围下，无论是论文、作业成果还是汇报，学生都要修改好几稿，在修改的过程中不断接受来自教师、同伴或者校外专家的评论。在达到优秀或者能够展出的标准前，他们通常都是已经创作了好几个不同的版本。

很多学校的原则是当天"一步到位"。学生创作成果、撰写论文或汇报后会直接被评价，接着会收到返还的作业和评价结果。有时候，老师们按照评分规则对学生进行评价并在作业上写上反馈建议，但由于学生没有机会回应这些反馈，所以对老师们的反馈关注较少，这时辛勤付出的老师们就会经常抱怨："我干吗要花这么多时间给学生写评语？"学生都很聪明，他们知道重要的是成绩，而不是老师的评语，所以为什么要看那些反馈意见呢？

让我们来面对这样的事实：在"一步到位"的世界里，对师生双方来说，作业的目的是成绩。学生上交作业，老师给出成绩，"交易"就完成了。

在维思，学生学习是为了掌握。为此，在达成掌握程度的过程中，他们迫切地等待作业反馈，并根据反馈意见修改下一稿。成绩固然重要，但最重要的是获得他们所需的反馈来完善为大学做准备的作业。

在维思，通过不断修正然后达到精通的水平是文化和语言中系统化的一部分。因为在学生进入九年级时就知道他们需要掌握核心内容——核心素养（调查、分析、研究和创造性的表达）和 4C 能力（有效沟通能力、批判性思维能力、有效协作能力和有效完成项目的能力）之后才能毕业。如果你问维思学生为了达到精通的水平，比如符合档案袋要求的研究论文，他们拟了几稿，答案可能会是 5～7 稿，有时甚至会更多。

大多数职业人士在呈交产品给客户或投入生产前已经做过多次的修正。营造修正文化的氛围使得学校中的学习与社会中的工作保持一致的步调，同时，也为学生将来在大学的学习做好准备。在大学里，学生们把作业终稿交给教授前，需要独自或和同学一起修改作业。

大学是一个充满挑战的地方。许多大一新生，包括那些有特殊背景和高中成绩出色的学生，即使非常努力也仍然会在作业甚至课堂上体会到失败的滋味。对有些学生而言，这是他们的第一次失败。那些对失败缺乏自我管理应对技能的学生，或者缺乏运用反馈进行提升自我学习技能的学生，这样的经历对他们而言无疑是毁灭性的。如果他们的思维模式是"一步到位"，那么得到失败的分数就意味着他们完了。我们相信这是美国大一学生高辍学率的原因之一。

失败对维思的学生而言是微不足道的，重要的是接下来的问题："我需要如何提升？"步入大学前，我们的学生已经学会如何获得反馈（积极的和消极的），并运用反馈来促进学习。修正文化为他们实现从高中到大学、从大学到职业生涯甚至更远的转变做了良好的铺垫。

视频 15：维思校长的毕业致辞——修正，修正，再修正

城市艺术与科技高中的前任校长埃里森·罗兰（Allison Rowland）向 2012 级毕业班汇报了"一曲修正的颂歌"，她描述了学生们为了在毕业舞台上画上圆满的句号所经历的严格但有益的修正过程。

下面是将修正文化融入学校或课堂实践的一些方法：

1. 形成性而不是终结性地使用评分规则

评分规则的本质是促进成长。正如"成功指南"上说，评分规则让学生和老师共同参与评价并准确了解学生进步所需要做出的努力。但如果评分规则不是用于作品创造过程中教师与学生对话的工具，那就不见得比"一步到位"的成绩更好。

2. 布置给学生需要多步骤才能完成的任务

哈里斯先生不会花时间给每一个步骤的学习任务"评分"。当学生的作业达到任务要求时，他会给一个总评；当学生的作业未达到任务要求时，他会附上可操作的反馈意见返还给学生。令人印象深刻的是，学生通常要做很多次的修改才能完成一个规划良好、耗时几周的项目。

3. 要求学生进行大量的公众演讲

一位喜剧演员曾经评论说，人们最害怕的其实是公众演讲，其次才是死亡。他因此总结道：人们宁愿做棺材里躺着的那个人，也不愿做那个念悼词的人。

孩子们也是如此。在真实的观众面前演讲——这些观众不是班级活动中的一分子，而是真正对演讲内容感兴趣的人或专家——对年轻人而言是个令人畏惧的挑战。进行一次成功的演讲需要做大量的准备——写好演讲稿并修改，接着独自或在同学面前进行多次练习。当班里的每一位同学都面临共同的挑战，真正的共同体就建立起来了，因为每个人都处于同一战壕。演讲成功获得的自豪感是巨大的，能激发学生成长型思维的形成。

维思学校经常在学年之初给九年级学生布置"我是谁？"的项目。学生们在英语语言文学课上阅读并撰写一篇个人传记。根据这些传记的主题（比如冲突或成长）来分组，每组学生共同创作一本"书"——每位学生的故事将成为书中的一个章节；小组成员一起合作，在数字媒体艺术课上使用绘图设计软件为书创作视觉或图像主题；最后，这个项目以"出版"他们的书籍并邀请父母和其他小组成员来阅读的形式结束。每位学生还需准备一个片段朗读给大家听，和大家分享为什么会选择它。同一个班级的学生以此为纽带建立起亲密的关系，会经常述说该项目——尤其是公共演讲部分——是他们年轻的生涯中最严格的一段学习经历。

公共演讲是引领学生进入修正文化的最佳方式，体现在很多方面：它带给学生的挑战；它打破常规学术排名的方式；它获得支持性和及时性反馈的方式；它让学生自然而然地"再尝试一次"；它使学生在较短的时间内获得明显的进步。

（四）知识通过探究不断深化和拓展

我们通过探究来满足对这个世界天然的好奇心。我们通过感觉（视觉、触觉、听觉、嗅觉和味觉）来回答围绕在我们身边的问题。我们通过多种学习方法来深化、拓展我们的知识。

然后我们进入学校。发生在幼儿园和学前班的学习通常包含初级水平的探究，称为"做中学"。学生们通过歌曲学习字母，通过积木学习颜色，通过图案学习数学，通过参观动物园或南瓜地学习生命科学。

但是随着年级升高，学生基于好奇心提问的机会或参加"做中学"的机会越来越少。探究式学习变得随机和分散，通常取决于教师个人创新、能力水平或哲学素养。

到了高中，学生已习惯于由老师提出问题，他们向老师寻求正确答案。学生的提问不再是满足个人的好奇心，而是澄清老师希望他们知道的内容。解决问题意味着能得到一个好成绩。

在维思，我们尝试重新唤起学生的好奇心。教师围绕探究学科领域和生活中的那些大观念的启发性问题来设计课程、项目和课堂。通过探究，学生学会调查，找出解决方案，并提出新问题。探究是开放性的，可以有多种答案和不同的信息来源。重点在于它是学生的学习，而非教师的教学。学生可能会寻求教师的帮助，但是教师只作为一种资源或者指导者，而不是正确答案的持有者。

探究式学习有多种设计方式，如结构性探究（教师驱动）、指导性探究（教师设计）和自主性探究（学生驱动）。对刚接触探究式学习的教师而言，最好从结构性探究开始，然后逐渐转向学生驱动的探究。

我们确实非常需要这样的转变。如果我们的教育目的是让学生成为终身学习者，那么致力于探究式教育是必需的，这是一种责任。因为当学生长大成人，不再处于学校或项目结构内时，好奇心和问题将是他们学习的唯一内驱力。

（五）教即指导

一位来自另一所城市高中的同事向鲍勃解释说，因为他的学生需要更加结构化的学习方式，所以他不再使用项目式学习。鲍勃回应说他的决定假定了项目式学习是非结构化的。从事教师、教学指导和学校领导的工作经验教会鲍勃，有效的项目式学习是高度结构化的，这种结构化是用来促进学生的学习的，而传统教学的结构化是用来促使学生顺从教师的教学的。

对很多教育工作者而言，作为教练角色的教师意味着缺乏结构化。然而，鲍勃的所有高中、大学和大学毕业后的田径运动教练的教学方法都是高度结构化的：他们以恰当的方式教授鲍勃策略和技能。他们让鲍勃进行反复练习并不断批评他表现得不好的地方，很少会同情他的感受。无论在身体上还是精神上，他们激发鲍勃的比他以为自己能做到的更多。

然而，当比赛来临时，鲍勃和他的团队成员都是独立的：他们需要把所学的技能运用到真实的比赛情境中。每场比赛过后，教练会要求运动员回顾自己在比赛中的表现，然后给予反馈。教练和运动员运用这种反思调整训练方式，改进制胜战术。这通常意味着重新学习一种技巧或策略。其他时间里，他们还需要学习新的内容以填补知识的落差。

最优秀的教练会从运动员在场上最出色的表现的愿景出发来绘制蓝图。他们评价运动员的知识和技能，制订促使团队达到巅峰表现的赛季规划。简言之，指导需要大量的结构式规划。

项目式学习也是如此。

教师需要成为教练。作为教练，教师是学习的首席设计师，能使课程、教学与评价保持一致。他们是学生学习的敏锐观察者，提出激发学生反思的问题，引导学生改善学习。他们知道如何给予具体和及时的反馈以促进每位学生的学习。他们知道何时退后一步让学生遭遇挫折，何时向前一步在学生掉队前扶持一把。这些都是引领学生成为自主学习者、能在校园学习和社会生活中坚持并战胜困难的必要条件。

和最优秀的教练一样，维思的教师会首先编制学生表现计划愿景。同时，他们还设计出与该计划一致的高度结构化的项目。在维思教学指导的指引下，教师们首先规划评价，以预期的学生学习结果为导向来决定学生完成项目所必须具备的知识和技能。

教师们从评价学生已知的和能做的开始，先教学生完成表现性任务所需的内容。他们会有一个完整的规划，其中包括评价的具体方式（例如展览、研究论文）；结构和过程（例如分组策略、角色和责任）；成功所需具备的关键技能（例如合作技能）；使用的探究式学习的类型（例如结构性的、指导性的或自主性的）。

维思的教师给每个任务和成果绘制清晰的基准，标注截止日期，最后公布在学校的墙上和网站上。这些基准为学生做出高质量的学习成果和表现提供了架构，它们是引导学生准时抵达终点的路线图。人们通常认为项目式学习的课堂是嘈杂和失控的，然而有效的学习环境是一种健康热闹的气氛，学生们因为明确的学习目标到处走动，与他人交谈，他们会合理控制自己的行为。

最后，比赛日（game day）来了。对维思的学生而言，比赛日是有真实观众的作业和学习的展示。比赛日发生的事情由学生自己来负责。作为指导，教师只能在现场观察和支持学生。之后，教师听取学生们对自我表现的汇报，并对结果做出评价，与此同时，调整下一个项目的计划。从学生们的自我表现汇报中所收集的信息可以促使下一个项目制订得更加完善。

教师们如果真的打算培养学生深度学习的能力，那么必须完成从教学到指导的转换。学生需要运用深度学习能力，参与到真实的、有意义的、严格的学习经历中，从而实现有效的沟通、批判性的思考、富有成效的合作、有效的完成项目，而这些仅仅通过教师的教是不会实现的。

（六）关心是取得成就不可或缺的因素

吉姆·莫尔顿（Jim Moulton，2008）在教育社会博客中发表了一篇题为《教育中的情感参与》（*Emotional Engagement in Education*）的三段论文章，文章在谈及如何应对学生的漠不关心和通过项目式学习团结学校共同体方面提供了一些具体的方法。莫尔顿把问题讲得很清楚，他说：

> 不管是学生还是教师，孩子还是成人，对我们任何一个人而言，为了做到最好，为了发挥我们的最大潜能，我们必须学会关心。很多人在生活中的某一时刻，完成了你认为他不可能做到的事情。如果你没有足够的关心，就不会去尝试，也就永远不可能达成目标。你出色的成就从关心开始。（参见文章第二段）

> 以上内容是凯尔·哈当（Kyle Hartung）撰写的，引用时已得到他的许可。它最早发表于2008年2月鲍勃的"教育乌托邦"（Edutopia）——"社会和情感学习"博客（*Social and Emotional Learning* blog）：《学习如何关心·第一部分：庆祝学生的成功》（http://www.edutopia.org/student-accomplishment-part-one)和《学习如何关心·第二部分：建立学术认同》（http://www.edutopia.org/student-accomplishment-part-two)。

谈论学生们多么不关心学校很容易，但也许问题不在于学生是不是真正关心学校，而在于他们是不是知道如何关心在学校度过的时光。我们认为问题在于后者。

在维思，学校对大部分学生来说不是一个带来灵感、进步或者快乐的地方。学校学习如此缺乏意义、和生活脱节、单调乏味，他们为什么要关心学校？当一个地方无法与他们的生活建立积极联系的时候，他们又如何知道怎样去关心这个地方？

我们该如何教育学生去关心在学校度过的时光？正如莫尔顿所说，我们可以从提供让他们关心在意的经历和机会开始，让他们从中展现自己，脱颖而出，从而给予他们一种因努力工作而获得的真实和深刻的成就感。当我们要求学生去探究或回答只有他们能回答的问题时，他们就开始看到做这件事的理由，看到今天所做的事与明天将要做的事是相关联的。

教会学生如何关心的意义甚至比我们要求他们做项目、做作业的意义更加重大。我们必须仔细考虑对学生采取的行为方式以及在学校里建立共同体的方式。莫尔顿说得对，出色的成就产生于充满关爱的地方，我们也必须注重教育学生如何关心。

在维思，我们通过公开的学生作业展示会和成就庆祝会来教学生们如何关心。

以我们其中一所学校为例，所有十二年级的学生都要参与一个正式的公开辩论赛。因为不知道展示时要代表正方还是反方辩论，学生们之前都会做大量的研究和准备工作，这样就可以在有争议的国际问题上代表任何一方展开辩论。

辩论结束的第二天早晨，学生们和教职人员齐聚每周的共同体会议（community meetings）。全程 55 分钟，学生们互相庆祝取得的成就，互相肯定在辩论赛上的出色表现。当前一晚的兴奋和焦虑得以释放后，他们开始感谢为他们辛勤付出的同伴们和老师们。

在聚会上，学生们发表的评论表现出了深度的关心："你的研究真的让我印象深刻。""最初和你搭档我是持怀疑态度的，但后来我们合作得非常愉快。""我从没想过我真的能做到。"老师们也会抽出时间来祝贺每一位学生取得的成就，同时也感谢团队所做出的贡献和努力。

这样的经历在维思学校不止一次。共同体会议和其他类似的活动在九年级开学的第一个月开始。例如，在其中一个维思学校，所有九年级学生都参加了一个替代性能源贸易展，最后举行了一个在数学、综合科学和数字媒体艺术领域的跨学科研究的展示会。

展示会有 300 多人出席，学生们通过多媒体公共服务公告、系统解说模型和信息展位向出席者介绍他们的能源建议，推销他们的成果。出席者离开前要投票选出最切实可行的能源建议。

在第二天早上的共同体会议上，老师对同学们在创意表达、科学思维和说服力方面取得的成绩给予肯定，并宣布冠军获得者。所有学生因出色完成这项工作而充满自豪感和成就感，每个人都在分享取得一项了不起的成就后的成功与喜悦，无关输赢。学生们也能够学到如何成为展示会的一分子，这让所有学生都受益，一个学生共同学习、互相关心的共同体建立起来了。

展示会和庆祝会同时也可以教会父母和共同体成员如何关心学校。一位参加了替代性能源贸易展的九年级学生家长卡罗林·玛塔（Garolyn Mathas，2008）在电子工程时报网（*EE Times* website）贴出了一篇名为《发现科学和工程学的乐趣》（*Finding Excitement in Science and Engineering*）的博客文章，她在文章里将自己在高中所学的和女儿在贸易展项目中所学的进行了比较："我学会了死记硬背，为考试而学习，有些科目在考完试后就全忘光了。相比之下，这些学生是在体验教育，而不仅是参与教育。"

学生们正是通过体验教育和这些共同体事件学会如何关心学校。这不仅仅是他们取得的学术成就，也是通过和我们一起参与这些活动建立的学术认同。

正如维思的一个毕业生所描述的：

> 在我来到维思学校之前，从未真正地关心过学习。过去我交论文仅仅希望获得一个不错的分数。但来到这里之后，我开始关心学习。我开始思考自己想要表达什么，对他人有怎样的意义。通过做项目，我知道了我是谁，我该如何学习——从教育中我想收获什么。（哈当，2008）

这些经历都表明学校能对学生产生影响。不仅成人可以教会孩子如何关心学校，学生们也可以互相教会对方、教会老师、教会家长如何关心学校。

当学生们开始关心学校，学校对他们的个人生活而言是有意义的，是相互关联的。为此，学生们就能勾画出理想中的自画像。这是通过作为教师和领导者的我们对学校的关心而采取的具体行动来实现的。我们这样做时，学生们才能真正地体验教育。但是如果我们忽视我们需要关心的事物，我们也会因此失去继续下去的理由。这在我们的生活中和学校里确实如此。

（七）学习可以（还应该）是快乐的

不幸和讽刺的是，我们的学校和学区常常会扼杀成人以及孩子的合作、学习和快乐。学生的学习和快乐并非相悖的。事实上，我们认为快乐和庆祝对孩子和成人的学习都至关重要。

我们从成人做有趣的事说起。要在学校做有趣的事应该从成人开始。作为学生们的榜样，我们可以通过与同事、学生一起做有趣的事为学生营造一种冒险文化。

评选"维思偶像"（Envision Idol）活动就是成人在学校里做有趣的事的很好例子。我们在"全维思日"（All Envision Day）的其中一天进行这个活动。这一天会组织专业学习、庆祝会和娱乐活动等。

为了在共同体会议上鼓舞学生并让他们感到欢乐，学校里的所有教师和职工创作编排了一些与流行歌曲相关的音乐作品。这些生动、有趣、富有教育意义的视频连同谁最有天赋的友善流言开始广泛传播。显然我们需要在即将来临的"全维思日"里举行一场比赛以决出谁是真正的维思偶像。

的确如此。我们所有的学校、学校的校长、办公室工作人员（包括那时候的首席执行官鲍勃）都参与了这个挑战。我们都有一次机会来展现我们的内在气质，演绎我们心中的流行音乐明星（如说唱明星、摇滚明星）。即便两个月后，整个维思仍然在笑谈这件盛事。

视频 16：维思偶像

　　维思教职工在"维思偶像"活动中展示他们的才能。

庆祝会是做有趣的事的另一种方式，在"全维思日"，我们会在每次聚会上庆祝我们的收获。

在每个"全维思日"的总结会上，我们会颁发两个特别奖。校长和首席执行官给每个学校的一位教师和一位办公室工作人员颁发"C"奖（"C" Awards），他们是例证我们试图在学生身上培养的 4C 能力（有效沟通能力、批判性思维能力、有效协作能力和有效完成项目的能力）的典范。校长或首席执行官会给每位获奖者做一个特别介绍，介绍时会不断强调获奖者所表现的重要的 4C 技能。接着，特殊教育团队会颁发一个令人垂涎的"个别化教育项目最佳选手"奖。特殊教育团队成员在个别化教育项目会议上协商讨论，从每所学校中提名一位擅长通过课堂实践来实施我们的干预策略的员工。最终由主持人宣布"全维思日"的最佳选手，在座的所有人都起立为他热烈欢呼和鼓掌。最佳选手获得的是一个不断传承的奖杯，这个奖杯将会在下一届"全维思日"传给下一届个别化教育项目最佳选手得主。

这些奖励也许听起来夸张可笑，但它们用一种符合我们文化的方式鼓舞了我们以及学校同事的志向。

维思的学生也加入欢乐中来。每个年级组织的周共同体会议都充满了欢乐。低年级学生和导师在一个聚会上，高年级学生在另一个聚会上。聚会上，学生了解即将成立的俱乐部以及即将到来的活动，他们参与各种有趣的活动。

星期三下午 1 点，步入影响力学院礼堂，低年级共同体会议在这里召开。

200 多名九年级和十年级学生就座（部分学生站立），他们笑着大声喊出朋友的名字。老师们也欢笑着。你想站着便可以站着，没有学生是规规矩矩的。令人惊奇的是，一名校长助理和一位带队老师不时共用一个话筒，从头到尾无须太大声，就控制了整个场面。

由每个组出 1 名学生代表，10 名学生站在舞台上肩并肩玩"胖兔子"游戏（Chubby Bunny）。每名学生嘴里一被塞进棉花糖就必须马上说"一只胖兔子"。刚开始，这还是一场激烈的竞赛，观众席的学生们和老师们为自己组里的学生呐喊助威。但当孩子们嘴里塞的棉花糖越多，场面就越有趣。看一个孩子嘴里塞进 20 粒棉花糖并说出"20 只胖兔子"的场景简直是滑稽。大笑声和呼喊声不断，直到最后一名学生以 22 粒棉花糖的纪录获奖走下舞台后，校长助理这才让同学们安静下来（他们确实安静下来了）。他宣布了三位获胜者的名字，然后在幻灯片上公布重要公告。

孩子们喜欢开心玩耍，我们认为成人也需要如此。令人惊奇的是，学校并没有善用孩子爱玩的天性。相反，孩子们只能在放学后玩耍，而上学时间无一例外是严肃正经的。我们应该创造多种方式（孩子们喜欢的快乐方式）让孩子感觉到快乐，让学校真正成为一个能让学生以自己的方式去表达的地方，就像在校外与朋友和家人一起相处时那样。

二、先有鸡还是先有蛋？

文化和结构的关系就像鸡和蛋的关系。每次当你开始思考鸡生蛋还是蛋生鸡时，你都会看到理论中的漏洞而改变看法。成长型思维模式会帮助你建立一个档案袋答辩体系吗？反过来讲，建立一个档案袋答辩体系就会使你相信可以提高学生的能力吗？

答案各异。我们看到过学校结构改变了教师对孩子的看法，也看到过坚信学生潜能的教师坚持反对看起来不可逾越的结构性障碍。

唯一切实可行的办法是让鸡和蛋的问题公开并给予同等程度的关注。实施结构变革，培养文化信念。永远都不要试图偏倚一方，也不要相信一方可以取代另一方。

教学是一项耗费情感的工作。本书对学校变革时教师之间需要不断进行对话给出了大量的理由，但没有理由比这个更重要。每个学年很长，教师的士气会逐渐低落，乐观和信念不可能时时存在。人的能力终究是有限的，谁没有在深夜对着一堆要审阅的学生论文麻木地发出感慨？

项目式学习和全校范围内的表现性评价所要求的合作产生了一个副产品：同组教师之间持续的、支持性的对话。这个副产品反而可能是最主要的收获，因为这样的对话对培养一种与变革结构相协调的文化至关重要。我们在本章中描述的信念不能被视为理所当然，也不能强迫拥有。教师和学校领导需要不断运用各种机会来证明这种信念，实践这种信念，在遭受质疑时互相支持和鼓励。

如果学校里的全体教职人员都不相信学生，那么也不要期望学生会相信他们。

参考文献

1. Dewey, J. (1998). Analysis of reflective thinking. In L. A. Hickman & T. M. Alexander (Eds.), *Essential Dewey* (Vol.2, pp. 137 - 144). Bloomington: Indiana University Press. (Original work published 1933)

2. Duckworth, A. L. (2013). The key to success? Grit [Video file]. Retrieved from https://www.ted.com/talks/angela_lee_duckworth_the_key_to_success_grit

3. Dweck, C. S. (2006). *Mindset: The new psychology of success*. New York, NY: Random House.

4. Hartung, K. (2008, February 29). Learning how to care, part 2: Building academic identities [Blog post]. *Edutopia*. Retrieved from http://www.edutopia.org/student-accomplishment-part-two

5. Mathas, C. (2008, January 28). Finding excitement in science and engineering [Blog post]. *EE Times*. Retrieved from http://www.eetimes.com/author.asp? section _ id = 36&doc_id=1283611

6. Moulton, J. (2008, January 30). Emotional engagement in education, part one: Should teachers care about student apathy? [Blog post]. *Edutopia*. Retrieved from http://www.edutopia.org/emotional-engagement-education-part-one

7. Tough, P. (2012). *How children succeed*. Boston, MA: Houghton Mifflin Harcourt.

第五章　变革学校体系

导师制让我们把学校里学到的知识与社会生活联系起来，让我们开始为将来做准备。

——维思校友凯尔·朱尼诺（Kyle Zunino）

在鲍勃还是圣弗朗西斯·德雷克爵士高中的一名教师的时候，学校制订了一个新的时间表。这个项目包含的核心问题是："在传统的作息时间表下，学生感受如何？"

为了回答这个问题，4 位教师自愿跟踪学生一天的生活，并向全体教职工汇报跟踪结果。他们选择的是对整个国家的中学生而言都非常典型的一天，类似这样一天的时间安排已经持续了几十年：6～9 节课，6～7 小时，每节课 55 分钟或更少的时间。

4 位教师报告说，要在一天时间内一直保持注意力集中非常困难，他们觉得这样的经历让人精疲力竭，也缺乏连贯性。其中一位教师不堪重负，午饭后就不再去班级了，因为实在是坚持不下去了。

最终——尽管花了一年多的时间才进行——全体教师进行了投票，绝大多数教职工同意改成 90 分钟轮换的"区块时间表"，每门课隔日上一次。这个时间表还包括每周两次的辅导课。

对圣弗朗西斯·德雷克爵士高中来说，这个新的时间表就像一个游戏规则的改变者。学生们反映说感觉好像有人挥舞了一下魔法棒，就把杂乱无章的学校文化变得井然有序了。

一、结构的重要性

我们讲这个故事不是因为我们认为 90 分钟的"区块时间表"是结构的灵丹妙药。如果不对教、学、评进行深入改革，更改时间表仅仅只是时间的变化，而不是学校文化的变革。如果学生仅是在课上坐着听课和做笔记，那么 90 分钟也只是异化为 45 分钟的两倍。

但是这个例子确实证明了上一章结尾部分提到的一点：结构和文化是相互依存的。如果可以在合适的条件下对关键性结构进行变革，那么将对学校文化产生切实的影响。

传统作息时间表和当今学校的其他很多方面一样，看起来与 20 世纪初的学校惊人地相似，那个时候学校教育扩大规模是为了满足工业革命大规模生产需求。其他方面还包括校历、钟声、成排的课桌、教师站在教室的前面、学生按能力分组以及字母评等量表。这些都是 20 世纪早已远去的那个时代留下的遗产。

有着百年历史的旧结构似乎已经不能帮助人们成为数字革命时代的知识型员工。坦白地说，那些结构甚至不能让人们胜任今天的蓝领工作，现在很多蓝领工作岗位需要大学文凭或严格的高等教育的训练，以获得高水平的技术知识和技能。

是时候专门为我们学生的当下和未来设计学校结构了，这样的结构是和我们的目标保持一致的，且能促进学生学习。例如，改变学校时间表是为了让学生在毕业生档案的基础上适应深度学习的方法。如果我们想要培养学生的沟通技能、批判性思维、合作能力、创造能力以及管理长期项目的能力，我们就需要为学生提供结构化的时间促使其发生。实际上，在 55 分钟或更少的时间里进行深度学习几乎是不可能的。

与共同核心州立标准相匹配的项目式学习和表现性评价在传统的学校结构中是无法立足的（更谈不上兴盛）。在维思学校，多年来我们一直努力构建学校结构以促进目标达成，实现我们的价值理念。因为相信深度学习是具有创造性的，所以我们精心安排时间和空间来促进这种创造性；因为相信每一个学习者都值得关注，所以我们尝试创造小型的、个性化的学习环境；因为相信学习是一种社会活动，所以我们努力构建共同体。

还记得那位激励你取得运动成就的教练吗？那样的成就是你从未想过自己可以取得的；还记得那位你愿意为他做任何事的老师吗？只因为他非常了解你。我们认为学校需要刻意地为孩子们创造更多这样的经历。学校必须是一个培养学生、充满关爱、目标高远的地方，在这个地方学生们能感觉到他们受到充分的理解和支持，他们和同伴、老师之间建立了良好的关系。

本章将描述我们认为对学校表现性评价体系最关键的结构：

- 学生学习团队和教师工作小组
- 基于项目的时间安排
- 教师作为导师
- 家长—学生—导师会议（parent-student-advisor conferens）
- 共同规划时间（common planning time）
- 专业发展
- 共同体会议
- 混合班级（不是按能力分班）
- 工作场所学习
- 评定等级

在我们投入改革之前，谨记：单独创建新结构不会产生更好的结果。结构与文化是相互依存的。的确，结构可以被理解为一个组织文化的"神器"（Schein，沙因，1985），但它只有通过文化才能被感知到。在参观我们学校时，你会看到学生们正在接受指导或者教师忙于共同计划，你看不到的是背后的信念、设想和价值，它们是结构的根本。

这是非常重要的，这一点我们在上一章关于文化的内容中有所提及。不关注文化而创建的结构的确会产生新结构，但不是变革。我们需要文化改变来使结构持久。学校变革总是需要一种全面综合的方法。

但是，你也可以选择结构作为变革过程的切入点。圣弗朗西斯·德雷克爵士高中更改传统作息时间表证明了一个新结构能为新文化的生根发芽提供时间和空间。让我们进一步了解该结构连同其他结构变革是如何深化学校学习的。

二、学生学习团体和教师工作小组

在维思学校，我们把学生和教师分别进行分组以期为个性化学习创造条件。

核心学科领域的教师工作小组包括艺术和数字媒体教师，他们在两年时间里一起带约 100 个学生。通常情况下，一个学生上九年级时教他的教师，在他上十年级时仍会继续教他；他上十一年级时教他的教师，也会在他上十二年级时继续教他。一位教师在十二年级（或十年级）的学生离开后，会"循环"到十一年级（或九年级）的学生学习团体中。教师在两年里教同一学习团体的学生，就有机会更好地了解他们。这个方法对教师快速开始第二年的教学极有帮助。

教师工作小组有共同规划的时间，他们利用这个时间开发项目，协调课程，一起批改学生作业，讨论学生个体的学习情况与项目参与度。（由一位教师领导者规划并推进这项工作。）接下来，在课堂里，教师们一同向学生提供帮助支持；在课堂外，他们也尽可能地提供其他干预措施（如指导或咨询）。

另外，教师工作小组会帮助学生建立他们自己的学习共同体小组，每个学习小组有一个名字。例如，一个学校有 4 个这样的小组：土地组、空气组、火组和水组。每个小组的学生一起上课、做项目、开展田野研究、参观大学以及共同解决问题。

构建学生学习共同体小组会对学生与学校、学习的关系产生巨大影响。许多学生将自己学校里的朋友和教师视为家人。一名学生这样描述鲍勃："尽管我们不住在一起，但我感觉我们好像一直在一起。我们像家人一样。我们也许会有分歧，但我们知道当彼此有需要时我们永远都在。"

当学生们作为学习者和家人的身份被认可和支持，他们就会奋力追求卓越，热切地投入严格的学习中。他们与教师、同伴建立起的稳固联系将是一个防止他们落后的安全网。他们不想让同伴或教师失望。这种对学习的态度由个人问责向共同体问责的转变是一种文化的转变。

让学生感受到被支持是一个很好的结果，但我们认为这还不够。如果我们不使用这些策略和结构去促进学生的学习，我们就只是让学生感觉良好，却没有激发出他们的潜能或让他们为自己的大学和职业做好准备。

三、基于项目的时间安排

高科技高中创始人兼首席执行官拉里·罗森斯托克讲述了一件有趣的逸事。在担任林奇技艺学校（Rindge School of the Technical Arts）的校长期间，他尝试将学校传统时间表更改为"区块时间表"。他在一次全体教职工会议上正式提出这个想法，一位资深的教师当即反驳道："我们不可以改变我们的时间表，我们的时间表也不允许我们改变它。"确实如此，传统的时间表里没有足够的时间让我们来选择一个合适的时间表，从而导致教师没有时间来发展较长课时的教学能力。

但迟早，学校需要调整日程以适应深度学习。一个新的、经过精心设计的时间表并不能创造时间，但它可以帮助学校机构以符合其目标和价值观的方式优化时间。较长的课时可以使学生和教师都投入工作坊式的学习中去。在无情的下课钟声把他们赶到下一节课的教室之前，学生们有时间进入一个有创造性的或专注的地带里学习。同时，良好的时间表还可以针对职业发展、合作、诸如导师制和共同体会议这样的结构（这种结构支持个性化、关系构建和共同体建设）重新安排时间优先顺序。

当然，每种作息时间表都反映了理想与现实之间的矛盾。10 年来，我们不断地调整我们的时间表，总是觉得最完美的时间表应该在下一个拐角处。我们想说的是改善学校时间表的方法有很多，但没有一个方法是适用于每个人的。不过，要想出一个比延续至今的传统时间表能更好地为学习者服务的时间表并不需要花费过多的时间。［参见"附录"中的"维思日程表样例"（Envision Sample Daily Schedule）。］

四、导师制

通常，考上大学和没有考上大学的高中毕业生之间的差异在于他们是否在学校里遇到一位真正关心他的老师。这位老师非常理解他，相信他能获得成功，且不会让他掉队。

这种类型的师生关系对高一新生而言尤其重要。事实上，我们在学校设计中已经构建的结构——导师制是如此重要，因为它可以推进这种关系。

　　几乎每一位维思学校的教师都担任了20～25个学生的导师。两年间学生跟着同一位导师——九年级和十年级的学生跟着低年级导师；当他们上了十一年级后，会换一位高年级导师，这位导师将陪伴他们度过高年级的校园时光。

　　维思的导师制从学生进入校门的那一刻开始，教师们常常以握手或拥抱来迎接他们的学生。进入教室后，学生们面对面围坐成一个大圆。行为规范或协定会张贴在教室显眼的地方（例如"相互尊重"和"倾听"）。这些规范或协定不是空话，教师和学生是每天都要认真落实的。

　　每堂课开始之前，教师和学生们会通过分享今天感受如何（只是用大拇指朝上或朝下来表示好或不好）来检查出勤情况。然后教师会清晰明确地教授合作技能，这样的技能可以帮助小组更成功地做项目，同时也建立起共同体。教师也会推动小组讨论和活动来应对课堂上出现的文化多样性、种族和阶级等问题。

　　我们已经为我们的导师制树立目标，以推动所有学生的成功。具体而言，学生们将要达到：

　　• 掌握深度学习技能，并能在批判性思维、项目管理、问题解决、合作、沟通和创造性表达中展示深度学习技能。

　　• 创建并维持安全的、相互尊重的学习共同体。

　　• 开展研究并体验研究的过程，为步入大学做好准备及申请入学。

　　• 了解和展示成功步入大学和工作场所所需的实践经历和态度。

　　学校为导师们提供了大量的指导方针，并为他们的会议分发每周议程。鲍勃与维思的教师带头人一同创建了一份工作说明，以帮助作为新生和十年级学生导师的教师更好地理解这一重要的工作角色。其内容如下：

　　　　导师每周至少与所指导的学生会面一次。导师会得到专业发展和课程方面的支持。然而，作为导师的关键在于把自己的学生"视为己出"。也就是说，导师应该非常了解自己所负责的每一位学生，并能在他们需要帮助的时候给予大力支持、干预和认可。如果维思的导师制运转良好，学生们就不会在遭遇挫折时掉队。

［参见"附录"中的"维思学校九年级导师制课程（Advisory Curriculum）"］

　　社会—情绪干预（social-emotional interventions）可以通过导师制来实施。在课程的前两年里，每个学生需要制订一份健康计划，计划包括自尊、自我调节、人际关系以及未来展望方面的目标。这些计划时刻警醒导师去帮助那些需要更多外在帮助的学生。并且由于每个学生都有一份计划，所以更容易减轻学生在接受心理服务时的心理负担。

视频 17：导师制——检查和支持

　　在维思学校，导师制是我们针对学生构建的支持文化的一种具体方式。这个视频来自教学频道的"深度学习"系列节目，内容是一位维思学校的教师谈论通过导师制创建一种积极的文化以及讲述导师制给学生和教师带来的好处。

五、家长—学生—导师会议

　　小学生的父母与教师每年至少开两次会以讨论目标设置，审查目标进展情况以及商讨如何合作来为学生校内外的学习提供最好的支持。为什么这项重要的实践常常随着学生小学生涯的结束而结束了呢？

　　随着学生逐渐成长，尤其是当他们步入高中阶段，他们便开始渴望独立和成熟。在这样一个充满着矛盾心理的时期，他们常常希望脱离父母，尤其是希望父母不要与他们谈论关于他们在学校的表现。年纪较大的孩子和父母越来越少谈及学校，所以我们认为家长会是必要的。通过要求教师与家长之间进行互动，我们告诉家长他们可以参与到孩子的高中教育中。而对学生，我们提供给了他们一种理由，事实上他们确实想要他们的父母参与到他们的教育中来。

　　在维思学校，导师每年会给每一名学生安排 2～3 次会议。这些会议均由学生主持，而父母和重要导师也会参与。

　　超过 90% 的学生家长会利用好这次机会，所以我们知道家长们通常希望在他们的孩子念高中时参加这样的会议。另外我们还采用了这样的激励方式：在会议上发放学生成绩单而不是将成绩单邮寄到学生家里。如果家长不来参加会议，那么就不能收到成绩单。每位导师会跟进学生家长，直到他们参加会议。

会议上，学生会反思他们所学到的、还可以进步的地方（例如他们可以提高成绩或技能）以及长期目标（例如他们打算考哪一所大学）。导师会检查学生的成绩报告单，并指出可以改进的地方以帮助他们顺利毕业。导师也会检查英语和数学两科的重要基准评价并规划干预措施，这些干预也许对解决学习差距或学分缺失是必要的。由此，家长们便开始关注当前的基准或毕业生档案袋作业，这样他们就能直接看到孩子的进步，并且成为孩子成长过程中与其并肩同行的一分子。

一次有效的由学生主持的家长会聚焦于帮助学生设置学习目标，而目标的设置建立在检查学生作业或作品的基础之上。它不是被动地翻看学生作业文件夹，而是一次积极主动的活动，其中学习者和为其教育提供支持的家长、教师明确其优点和不足，并为改进这些不足制订计划。

许多家长都不知道如何支持孩子的学校教育，如果他们自己在学校教育中没有取得过成功，那么情况尤其如此。而家长—学生—导师会议就是帮助家长支持孩子的教育，是孩子获得成功的一个有效工具。同时，教师也能从中大大获益，因为他们能更好地了解学生和他的家庭。

六、专业发展

"我们是船员，不是乘客。"这句引自体验式教育先驱库尔特·哈恩（Kurt Hahn）的话，清晰地呈现在学校礼堂的大屏幕上。这是维思学校专业发展会议的开端。

在简单的欢迎仪式之后，维思学校的 35 名新教师被要求在日志中写下对此话的所思所想。一段安静的反思时间过后，教师们开始和组员见面。他们被分在不同的小组里。他们来自不同的学校、不同的学科，专业技能水平的层次也不同。在新的小组里，教师们一同讨论他们对这句话的理解，以及这句话如何在接下来的两天里指导他们合作的方式。

接着，维思学校的组织者展开了一项有关高质量故事的特征的活动。她将图 5.1

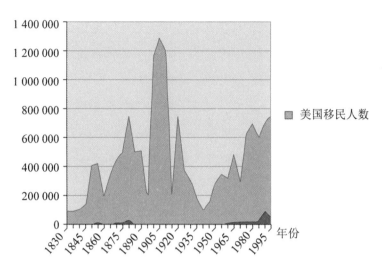

图 5.1　谜图

中的图表呈现在投影仪上，问了教师学习者一个挑战性的问题："这些数据可能描述的是什么？"她解释说："我们将一起来通过探索天使岛上的移民站，回答一个本质问题，即'我们为什么要将他们驱逐出天使岛'。""每个小组将给出一个答案，并通过数字故事和自由诗体分享你们的发现。我希望你们的好奇心受到激发，出发吧——我们要赶上那条船。"

　　教师们和组织者搭乘下一班轮渡到达天使岛移民站，这个移民站位于旧金山湾一个小岛上，曾于 20 世纪早期拘留过中国移民。在那儿教师们花了一天的时间了解有关移民和驱逐的事实。他们向优秀讲解员学习，研究主要的原始文件，阅读并抄写自由诗（移民站的墙壁上写满了移民的原创诗歌），使用从《战略扫盲倡议》（*Strategic Literacy Initiative*）里学到的读写策略来研究具有挑战性的历史文件，并在天使岛博物馆里寻找问题的答案。

　　在岛上待了一天之后，组织者给教师们留下了家庭作业：思考为什么移民驱逐了其他人，并用在天使岛上收集的证据进行回答。因为第二天中午就是作业截止时间，教师们早早返回学校，利用上午的时间勤奋紧张地学习。下午，展示的时间到了，每个小组向整个维思学校的专业学习共同体展示他们的数字故事和诗歌。

　　这个为期两天的专业发展课程是维思学校定期开展的教师学习体验类课程中的一个样例。我们尝试确保教师自身的专业学习能够反映出学生的学习，从而大大增加教师将他们的所学应用到课堂实践的可能性。在"天使岛"项目（Angel Island project）中，教师体验到了基于项目的课堂是什么样的——受控的混乱。他们也学到了预先安排的展示对激励年轻和年长学习者都发挥了重要的作用。

提供专门的时间让教师们一起学习课题已不再是什么秘密。像芬兰和新加坡这样的国家，他们在国际学生评价项目中胜过美国，比较有名的如 PISA，他们为教师提供专业学习的时间比我们多很多（这是促使他们成功的因素之一）。专业发展是改善日常教学至关重要的战略手段。

像国家职工发展委员会（National Staff Development Council，NSDC）这样的专业组织已经对什么是有效的专业发展下了定义，还创建了标准以引导实践（http：//learningforward.org/standards-for-professional-learning）。但如果我们知道专业发展是什么，它为什么重要，那么为何有效的专业发展没有发生在所有学校中呢？一个很大的原因在于缺乏时间。时间是日程安排困境的核心问题，它甚至使林奇技艺学校的教师们连讨论一下"区块时间表"的时间都没有。它是专业发展的绊脚石。

在维思学校，我们已经战胜了为专业发展寻求时间的挑战，并在学校中创建了结构以支持和促进已被纳入学校日程表和校历的专业学习。一般情况下，我们不会派教师出席会议和研讨会。我们会让我们的教师、教学指导和校长共同设计、共同协作推动专业发展的实现，而这个专业发展又是与我们教什么、如何教相一致的。我们的教师每年会有 10 天或更多的教师专业发展时间，每周会有三个半小时的合作学习时间，每月还会进行课堂指导。（这是不错的，但实际上教师需要更多的时间。我们总在寻找各种方法来增加教师专业发展时间。）

为了总结"天使岛"项目，组织者要求参与者以三种形式对活动进行反思：个人形式、学习小组的形式以及大组的形式。在项目式学习中，真正的学习除了发生在做的阶段之外，还发生在反思阶段。教师们从总结相关经历及启示快速转移到把他们的所学应用到他们的课堂上、基于项目的综合小组中以及学校中。

组织者最后分享了用于该项目设计的工具以及教师如何使用那些工具（参见"附录"中的"设计项目的 6A"）。活动结束了，教师们作为一名船员，已经准备扬起风帆，通过改变生活，帮助学生成功进入大学乃至步入社会。

七、共同规划时间

老师们在大学准备工作的问题上达成一致了吗？如果你们的回答是肯定的，请和我们分享你们的故事！如果你们的答案是否定的，那么就成为我们中的一员吧。界定怎样才是足够优秀的表现标准是一个棘手的问题。我们发现这个挑战在学校主要体现在以下两个方面：（1）班级之间不同的评等实践（孩子们会说不公平）；（2）对学生的表彰奖励出现有争议的标准。

教师们需要共同规划时间来解决实践中这个棘手的问题，以便回答诸如"需要做哪些工作为大学做准备"这样的问题。除了专业发展之外，还需要结构化的时间用于教师的共同计划。这个时间专门用于教师工作小组检查学生作业、参与结构化对话来发展共同语言、校正教师表现标准以及分享有效实践。

维思学校的一个工作小组（包括鲍勃、一名首席学术官、一位教师和一位来自斯坦福大学的合作伙伴）为某机构筹划了一场专业发展会议，这场会议是在圣地亚哥举行的年度加州高中大学预科会议（California Early College High School Conference）。工作小组基于维思学校在共同规划时间所发生的事情，围绕基本问题"大学教师和高中教师是否需要在为学生做哪些大学准备工作的问题上达成一致意见"，筹划了这场会议。

会议上，大学教员和高中教育者就有关读写或文本分析的一个英语语言艺术表现性任务，给一名维思学生的作业进行评分。

以下是我们的指南里对该任务的简要说明：

> 通过语言和文学的学习，我们期望培养学生合适的技能和方法，这些技能和方法是学生成为自信的批判性读者、思想家、有效和有说服力的沟通者所必备的素养。我们期望学生不仅能理解不同形式和风格的文学（如小说、非小说类文学作品、体裁、作者等）所涉及的内容和寓意，还要能将文学作为一种工具来研究，讨论与当今学生生活相关的话题和关注点。为了证明学生对这个科目的掌握情况，他们必须选择一个作文样本来展示他们的阅读能力、批判性思维能力以及与读者进行有效和有说服力的沟通的能力。

在讨论了评分规则之后，维思工作小组展示了一篇论文，这篇论文是一个融合了美国历史和文学项目单元里的一部分。在这个单元里，学生们要挑选一位美国作家进行研究，同时被要求至少阅读那位作家的 5 部长篇作品，写一篇 7～10 页的论文，对其文学作品中所呈现的美国在不同的历史与文化时代背景下社会生活的方方面面进行比较。提交给会议的学生作业还要分析弗兰纳里·奥康纳（Flannery O'Connor）的文章。

大学教员和高中教师就那份学生作业是否称得上是为大学做好了准备展开了激烈的讨论。尽管会议选出的那份学生作业引发了在场维思教师关于如何为大学做准备的争论，但最终参会的所有教师（大学和高中）都同意依据他们的审查结果，认为那位学生已经可以修读大学一年级的英语课程。

在大学准备工作的问题上达成一致意见对提高学生学习、加强学校教学起着极其重要的作用。教师必须奉献出（安排好）自己的课余时间，一同参与到讨论学生学习以及教师实践的深度对话和反思中。在维思学校，教师们与其所在学科领域的同事每周有 3 小时的共同规划时间。此外，他们还有三个半小时的促进跨学科小组或同事合作的时间。

共同规划时间、专业发展以及合作都是教师在深度学习上取得成效的关键要素。（参见"附录"中的"项目共享协议"。）

八、共同体会议

在维思学校，学生和教师每周都会参加共同体会议。和导师制小组一样，九年级和十年级的学生参加低年级共同体会议，十一年级和十二年级的学生参加高年级共同体会议。

共同体会议有时被称作非正式集会，是为全校一起学习和共同体建设创造空间的必不可少的结构。每个学校的共同体会议都有自己的惯例和形式。一些是由学校领导组织，一些完全由学生来运作。一些以钟声和启发灵感的阅读作为开场，另一些学生会选择音乐作为开场。

一旦共同体会议开始运转，便可以用作各种目的。会议将提供如下机会：

- 庆祝目标达成；

- 培训学生如何规划和推进会议；

- 解决学校的一个关键问题（通常由一位学校领导来负责此类会议）；

- 以一种有趣的方式发布重要或普通信息；

- 明确地教授价值观，如诚信；

- 展示学生在学术和艺术两方面的表现；

- 通过富有洞察力的读物和视频激励大家；

- 反思（沉默是金）；

- 玩得开心（例如，为导师团队举办一场呼啦圈比赛）。

在开展共同体会议的时候，平衡创意和娱乐性又不失秩序感是非常重要的。我们知道，共同体会议的成功运作需要：

- 在预定的时间里准时召开；

- 计划完备且有具体的议事日程；

- 教师和导师与学生们坐在一起；

- 对受众行为有清晰的预期，并能按预期一贯地执行。

虽然每个学校的共同体会议看起来不同，但最终结果是相同的：学生与教师之间的联系更加密切，并且他们自我感觉变得更强大了。四年中，无论维思的学生走到哪儿，这样的经历都激励着他们创建和领导各种共同体。我们相信，一旦你非常幸运地体验了真正的共同体，你就会带着一种责任和动力去创建它。

九、混合班级（不是按能力分班）

在维思学校，学生没有按能力分班。所有维思学校的学生都会上加利福尼亚大学和加利福尼亚州立大学的新生入学必修课。我们实施的是混合班级（integrated classrooms），不是按能力对学生进行分班，我们秉持着"所有学生都能成功步入大学"的信念并将其制度化。

将学生按能力分班是一种普遍的学校结构，这似乎是另一个棘手的实践问题。它简化了调控时间安排的艰巨任务，这项任务需要耗费学校咨询师和领导很长的时间。

这可以解决管理上的问题，但也创建了一个根据学生能力、测试成绩或等级排名进行分班的结构，同时还传递和制度化了一种有关学生学习和成长的固定思维模式。学校和老师经常说所有的孩子都可以上大学，但当一些学生没有被安排到严格的学术课程里，这些学生以及他们的家长或监护人就会认为学校和教师所说的"所有"不包括他们，他们上不了大学。因此，教师和学生降低了他们的期望。在我们看来，这对所有的孩子都是不利的，对那些生活在贫困家庭里或将是家里第一个上大学的弱势学生来说更是如此。这些学生需要学校告诉他们："是的，你可以做到！"而按能力分班则是对一部分人说"是"，而对另一部分人说"不"。

在维思学校，我们对每一名踏入校门的学生说"是"，即使是那些已经步入九年级但阅读水平却处于初级水平的学生。正如其他学校一样，我们的学生也呈现出多元化，他们拥有各种各样的技能。将这些学生混合在一个班级里是具有挑战性的。毫无疑问，这比按能力分班更难，但却更好！

混合班级对所有学生都会更好。我们是怎么知道的呢？因为所有的维思学生都完成了加利福尼亚大学的预备课程，超过90%的毕业生顺利进入大学且坚持到大学二年级。

混合班级对传统意义上表现不佳的学生来说影响很大，因为在这样的班级里他们要学会适应高期望并且可以看到成功与努力之间的联系。不在严格学术班里的学生不会受到教师高期待的影响，并且他们也不会明白表现好的学生是因为在课上和课外都做了努力，他们认为那些学生仅是因为"聪明"，而没有真正地将他们的努力和成绩联系在一起。对表现不佳的学生而言，这便敲响了警钟。尽管它在一开始的时候会让表现不佳的学生感到沮丧，但它可以激励他们朝着表现好的学生的标准去努力。

混合班级里表现好的学生会促使教师设计一些具有挑战性、快节奏的课程和项目。如果没有这些需求的声音，教师也许会降低对学生们的期待。这种情况在为学习都做好充分准备的学生的班级里很少会发生，所以教师要学会对所有的学生保持高标准。

家长和教育工作者对混合班级普遍关注的是学困生会耗费教师的时间，进而挤占表现好的学生需要的时间。在维思，我们观察到与其说这是一种现实，不如说是一种担忧。与其他高中的情况类似，表现好的学生会申请并得到有竞争力的学院和大学的录取。

混合班级为所有学生提供多元化的学习空间以培养步入大学和职场所必备的深度学习技能。通过学习与来自不同背景的学生一起合作交流，学生们才能在日益多元化的工作场所中获得成功。

提倡取消按能力分班的教育工作者常常担心所有学生一起上大学预科课程会产生一系列问题，主要有以下三个共同问题：

- 我们会降低课程的难度吗？

- 给尚未准备充分的学生施加如此大的压力公平吗？难道我们不能让他们上完补习班再上大学预科课程吗？

- 所有这些对教师而言是不是很困难？

10 年中我们不断地迎接混合班级带来的挑战，我们对这些问题已有了回答。非常值得注意的是你不能仅仅在创建混合班级后就认为这种结构是可以自我维持的，这些班级还需要培养和调节以适应教师和学生的任务改变而带来的不断变化的挑战。我们在本章中给予的回答不是打算给出标准答案，而是为了激起你对"如何将学生从按能力分班的束缚中解放出来"这一问题的思考。

维思学校不会降低混合班级的课程难度。正如我们在其他地方所指出的，教师要使用与维思毕业生档案和共同核心州立标准一致的评分规则。设计合理的项目会为混合班级的课程提供多样化的切入点，以满足不同层次学生的需求。

当然，不是所有学生在进入九年级时都已为这些严格的学术课程做好了准备。这意味着维思学校的教师需要使用项目式学习以及其他教学方法来区别对待他们的课程，并为课程搭建脚手架。他们使用由教师设计的表现性评价和诊断性评价来确定哪些学生需要在阅读、语言或数学上实施具体干预，从而促进学生的学习。

我们不仅相信鞭策表现不佳的学生进步是公平的，而且也认为让所有学生达到高标准，为他们提供有针对性的支持以帮助他们顺利毕业并走得更远是我们应尽的义务。维思的使命——变革学生的生活——驱动我们的组织能量和资源。我们还相信成长型思维模式，这也是我们为什么创建混合班级的原因，它或明或暗地向学生和他们的家长传递了一种"每一位学生都能做到"的信念。我们认为不鞭策学生才是不公平的。

最后要说明的是，混合班级的确向教师们提出了挑战。和按能力分班对教师的要求一样，维思教师必须具备高水平的学科知识和教学技能，并对如何激发学生学习有着深刻的理解。换句话说，教师必须处于游戏的顶端。此外，维思学校其他结构也促进了混合班级的建设，因为如果没有教师工作小组、"区块时间表"、导师制、专业发展、共同规划时间和家长—学生—导师会议的支持，混合班级便不可能实现。

在加利福尼亚州，只有35％的高中毕业生上过加利福尼亚大学和加利福尼亚州立大学要求的课程。这个比例在贫困学生、非裔美国学生和拉丁美洲学生群体中更低。在维思学校，所有的毕业生都会上这些课程。与统计数据和一些人的期望恰好相反，所有学生都可能成为大学预科生。

十、工作场所学习

视频18：维思的工作场所学习体验

5个维思学生在描述他们为期12周的工作场所学习体验时，向大家证明了他们可以在真正的工作场所中获得成功。由于在维思做好了准备，除了学到了宝贵的工作场所技能之外，这些学生还能在工作岗位上做出有意义的贡献。

在维思学校，三、四年级的学生可以选择一个地点进行长期的"工作场所学习体验"。这种实习类型的体验给学生提供了一个机会来衡量将来他们所需要的知识和技能，明白一个成功的人是如何在职场里工作的，同时获取自己感兴趣的工作或职业领域的相关信息。维思学生的工作场所学习体验要持续一学期，每周一天，一天5～7小时。通常情况下，工作场所学习体验在9～12月进行。

通常，年轻人与家庭或学校之外的成功人士缺乏接触和联系，而工作场所学习体验项目会为学生配备一名成功人士导师，让他们拥有个性化学习的机会。这对多数学生而言是非常重要的，对他们来说这是第一次真实的工作体验。工作场所导师充当着模范和教练的角色，他们帮助学生认识到在学校表现出色对工作场所工作的重要性。

在工作场所学习体验期间，学生们做真实的工作，解决真实的问题，并接受持续不断的挑战。在此期间，学生们会在日志里记录他们的经历和学习，工作场所导师、父母以及学校里的导师都可以翻阅这本日志。他们也会设计并完成与工作相关、对工作有价值的研究或项目。在工作场所学习体验的最后，学生们会向导师和单位的员工展示他们的项目或研究，将此作为在工作场所学习体验的总结性展示。

同其他任何的学习体验一样，为了让工作场所学习体验成为一项相关且有意义的任务并具有价值，它必须以学生为中心。具体而言，这意味着工作场所学习体验要符合学生的兴趣，并且包含一项学生驱动的项目，这个项目要恰好契合主办单位的具体需求。工作场所学习体验可以在任何行业或组织进行。例如科学中心、艺术组织、医院、医疗中心、非营利组织、营销机构、银行、律师事务所、报社和电台。工作场所学习体验的项目如举办福利音乐会、在当地报纸上编辑发表一篇文章、设计一个网站和编写一份技术指南。

下面罗列的关键要素不仅能使工作场所学习体验变得严格、相关且有意义，同时还能确保培养学生的专业技能和接触感兴趣的职业。

• 工作场所学习体验与学生所上的一门或多门课程相关，与一个或多个教育目标相关，与学生的一项或多项兴趣相关。

• 高中导师、学生和工作场所导师一同来设计这项体验。这项体验以学生的能力、兴趣和目标为基础，最终以"作品"的形式由学生在工作场所进行展示。

• 工作场所学习体验的时间跨度要足够长，要求不少于几周，以实现学生能力的提升。

• 在工作场所为学生配备一名导师给学生提供指导，在初期进行密切监督，接下来在必要时监督。

• 工作场所导师和参观工作场所的学校导师定期对学生进行评价。

工作场所学习体验对学生和行业都是有利的。工作场所学习体验给学生提供了职前员工培训，为行业未来的培训成本减轻了一些负担，创造了一批潜在的求职者。工作场所学习体验还影响了学生基于行业需求所培养的各项技能。对雇员来说，工作场所学习体验是一次担任导师的机会，在此期间，他们能够改善人际关系、磨炼培训及管理的技能，这鼓舞了雇员的士气。此外，工作场所学习体验还为社区中的学校和雇主创造积极的接触机会。

十一、评等

美国教育根深蒂固的一个特征是评分等级（即评等）。你会清晰地记得：90％～100％是 A，80％～89％是 B，等等。几乎每部描述高中生活的电影都包括这样的场景：一个学生收到一份标有大大的红色"F"等级的试卷。大多数大学和高中都有加（减）系统，这个系统在教师评价学生表现时会向教师提供额外的范围和选项。此外，在多数高中，每位教师都可以灵活设计和实施自己的评等政策。通常，评等政策要么采用计算所得分数占总分的比例来得出一个百分比的分数，要么将作业分类，然后根据教师设置的优先等级进行加权。

在维思学校，我们认为这些传统的评价方法强化了学生的一种信念，即知识和学业成绩是不变的。换句话说，即"聪明"的学生能获得好成绩，而"笨"的学生往往表现不佳。正如我们在第四章中所讨论的，德韦克（2006）把这称之为固定型思维。在课堂上，当学生收到一份评了百分比分数的作业时，这种思维就得到了体现，因为学生眼中的百分比分数常常等同于他们脑子里的智力测试成绩。在维思，我们设法向学生传达德韦克所说的成长型思维，帮助学生理解"基本素质是可以通过努力来培养的"（p. 7）。

因此，我们开发了一个整体评分系统，旨在让学生对他们的学业成绩负责，同时也培养学生（和教师）的成长型思维。我们的评等政策对我校的新教师而言很难理解，由于教师需要不断考虑他们布置的作业如何反映在学生的最终成绩中，因此肯定需要教师做些额外的工作。考虑到学生最后达成的目标是我们提供的教育经验的结果，在任何情况下，我们都坚信最重要的是学生的学习和成长。

维思创建了一种平衡评价法来进行评等，这种方法使用加权公式和一种整体分析方法来评价学生个体的作业。同时，这种方法还明确地将 4C 能力（有效沟通能力、批判性思维能力、有效协作能力和有效完成项目的能力）作为我们要测量的结果，因为我们以领导者的标准来培养我们的学生。（参见"附录"中的"城市艺术与科技高中整体评分规则"。）

我们的整体分析评等法要求教师在评价学生表现时使用"4 分制整体评等量表"（4-

point Holistic Approach Grading scale)。对习惯于传统的百分制的教师和学生来说，这可以说是一个巨大的转变。"4分制整体评等量表"不仅表述清楚、易于理解，因为它直接对应"4分制平均绩点量表"，而且也让我们可以使用一种通用语言来评价学生表现，以促进学生的成长型思维。对学生的每项作业都按以下1～4分评等量表进行评价：

4分制整体评等量表

1.	初级水平
2.	发展水平
3.	熟练水平
4.	高级水平

使用这样的语言强化了学生关于"知识和表现不是固定不变的""即使是达到熟练水平的作业也依然有进步的空间"的认识。这类评价方法尤其适合应用于表现性评价，例如使用评分规则进行评等。然而，这需要教师告诉学生在每项作业中，"初级水平""发展水平""熟练水平"和"高级水平"这些术语是如何界定的。这类评价量表非常容易转换成传统的"4分制平均绩点量表"的字母等级，如下所示：

传统字母等级转换

1.	初级水平	无学分
2.	发展水平	C
3.	熟练水平	B
4.	高级水平	A

需要指出的是，在维思我们不设置 D 等级，因为它不被大学接受。因此，学生必须获得 C 或更高级别的成绩才能获得某门课的学分。

图 5.2（见下页）旨在帮助我们的教师确定这三个评分类别中哪个类别适合哪项作业。在"知识和元认知应用"的类别中多数作业需要更深度的评价，通常会采用评分规则来评价。但为某项作业选择何种恰当的评分类别，主要由教师个人和教师小组决定。

这个系统的确在一个学期的课程中给教师带来了设计评价的挑战，但也在某种程

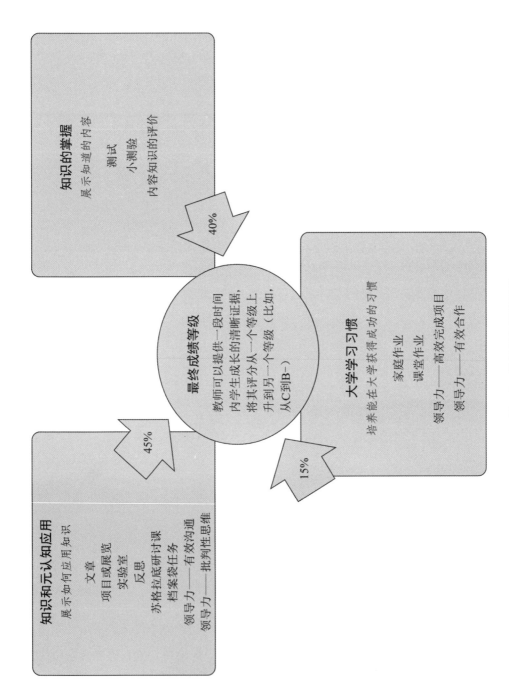

知识的掌握

展示知道的内容

测试

小测验

内容知识的评价

40%

最终成绩等级

教师可以提供一段时间内学生成长的清晰证据，将其评分从一个等级上升到另一个等级（比如，从C到B−）

知识和无认知应用

展示如何应用知识

文章

项目或展览

实验室

反思

苏格拉底研讨课

档案袋任务

领导力——有效沟通

领导力——批判性思维

45%

15%

大学学习习惯

培养能在大学获得成功的习惯

家庭作业

课堂作业

领导力——高效完成项目

领导力——有效合作

图 5.2　维思学校评等标准

度上为教师提供了足够的证据来为他们的评价决策辩护。在大多数情况下，每个评分类别都要求多种评价方法。

正如我们在其他地方提到的，人们通常会问："我需要对每项作业都进行评等吗？"我们的回答是："不！"我们建议对主要的基准、项目、评价等进行评等，而非任何作业。很多教师喜欢随意选择小作业进行评等，还喜欢随意选择某些作业并根据是否全部完成来打分，或是根据作业质量和准确度来打分。但无论如何，教师都需要通过仔细评阅过的材料来支持他们做出最终成绩等级的决定。

对那些有特殊需求的学生该如何进行评等呢？如果一个学生有个别化教育方案（Individualized Education Programmers，IEP），那么在评定最终成绩等级时必须考虑调适。一个有个别化教育方案的学生如果没有得到"必需的"调适是不能获得无等级成绩的。教师需要与学习专家紧密合作，以了解每一位特殊学生需要怎样的调适。在有个别化教育方案的学生面临获得无等级成绩的危险情况下，教师与学习专家保持持续的沟通非常重要。

我们使用"电子学校"管理我们的评等系统，这是一个基于互联网的学生信息管理软件。它可以让学生、教师和家长跟踪学生的学业表现和进步。尽管"电子学校"可以计算学生的成绩，但你必须定期检查以确保"电子学校"系统对作业进行了权重赋值，能够反映整体评等法。具体来说，教师可能希望给主要的项目以及能反映学生成长的期末评价赋予较高的权重，而"电子学校"系统不会自动依据个人意愿进行权重赋值。

尽管权重赋值评等是一项复杂的任务，但它对理解如何有效、恰当地使用我们的整体评等法至关重要。

最后，我们必须承认，作为一个特许管理组织，我们拥有从零开始创建学校的自由（和挑战），我们拥有的是全新的学生、教师、领导者以及文化和结构。这也使得我们能够"玩转"结构很多年。我们知道这是一件幸事，尽管这样的自由让我们犯了很多错误，但我们也跌跌撞撞地做成了一些事情。

不管有没有这样的优势，你都可以变革学生的生活。事实上，维思学校产生于鲍勃在一所综合性地区学校——圣弗朗西斯·德雷克爵士高中引领的创新变革。

我们鼓励正在阅读本章的教师对我们的学校结构进行反思，并思考应以怎样的方式使其适应更小规模的课堂。例如，如果你们没有全校范围内的导师制，那么要如何将指导策略纳入实践中？是否有当地的商业人士愿意担任你们学生的导师？

改变会产生连环效应。鲍勃在其班级里做出的改变扩散到他所在的部门、他的学校、第一所维思学校，接着再到其他两所维思学校，如今通过维思学习伙伴的努力已传播到数百所学校。小改变可以产生大影响。

视频 19：教师合作

这是一种密切合作！教师和学习专家在每年年初一起制订课程计划和目标。他们合作建立跨学科的联系，同时创建可以达成多个内容和技能学习目标的项目。

视频 20：校准——评价档案袋答辩

为了让维思教师对档案袋和答辩的期望与要求形成共识，并以同样的方式使用评价工具，教师们需要校准他们对学生作业的评价标准。这个视频提供了了解该过程的一个窗口。

参考文献

1. Dweck, C. S. (2006). Mindset: *The new psychology of success*. New York, NY: Random House.

2. Schein, E. (1985). *Organizational culture and leadership: A dynamic view*. San Francisco, CA: Jossey-Bass.

第六章　促进深度学习的领导力

坚持和决心是万能的。

——卡尔文·柯立芝（Calvin Coolidge）

鲍勃的领导力之旅始于这样一个问题：我怎样才能让我的学生像莎拉一样掌控自己的学习？

莎拉是一名高中生，她刚刚展示了一部她与团队共同完成的关于 20 世纪 30 年代的视频纪录片。纪录片放映结束时，她向观众解释她是如何与团队成员共同创作视频的。紧接着，她气宇轩昂地做了一个有关富兰克林·罗斯福的报告，认为罗斯福是 20 世纪最伟大的总统。

鲍勃是加利福尼亚州圣安赛尔莫地区圣弗朗西斯·德雷克爵士高中的一位老师，莎拉是这所中学的一名学生，但没上过鲍勃的课。莎拉参加了学校里一个名为"沟通学会"的小型学习共同体。鲍勃恰巧对沟通学会的情况很了解，该学会组织的整合的课程、项目式学习和以职业为主题的小型学习共同体使得学生能够进行比鲍勃原先预想的更深层次的学习。他决定去找有意和他合作的同事和学生，来创建另一个名为 X 学会的小型学习共同体。

鲍勃就这样逐步地把问题变成共同的愿景，再转换成行动计划。最后，他领导德雷克爵士高中进行了重新设计，既改善了学生的学习，又使学校获得了全国的认可，成为"新型美国高中"的一员。《美国新闻和世界报道》（*US News and World Report*）曾在高中改革专栏对圣弗朗西斯·德雷克爵士高中改革的事例进行了报道。

学校改革成功的新闻传播开后，成百上千的人到德雷克爵士高中进行访问，希望学到一些能够复制到自己学校的经验。鲍勃不断地从访问者口中听到同样的评论："这是很棒，但是这里的学生人口统计分布特征是什么样的?"他们所见的学生绝大多数都是来自中产阶级的白种人。通常问完这个问题后他们还会说："我认为我们的学生（比如说低收入家庭的学生或者说其他肤色的学生）无法像贵校学生一样完成这些任务。"

因此，鲍勃决定再次采取行动。

鲍勃坚信所有的孩子都能进行深度学习。他再次找到同事、学生、家长以及社区和商业合作伙伴来创设共同愿景，这个愿景不仅仅是要重新设计一个高中，而且是要重新设计一个高中系统，它的使命是要让所有的学生在大学取得成功。这也是今天维思教育的使命。

通往深度学习的起点（必须是起点）是能引起大变化的小步骤。本书概括了许多如何开始变革的方法，无论这些改变是多么的渺小，下一步我们要分享这种愿景，并落实这种变革。

一、"和谐"的领导力

本书的"引言"部分解释了我们学校的变革模型（见图 6.1）是如何基于"和谐"这个概念建立的。"和谐"是一个促进深度学习的理论，即组织中的各部分必须协调工作并服务于整体（科斯塔和加姆斯坦，2002；科斯塔和考力克，1995；库斯勒，1974）。

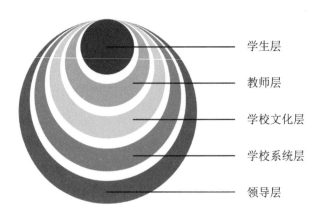

图 6.1　维思学校变革模型

"领导层"在我们的变革模型中占据了一个特殊的位置。它不是简单地处于嵌套层的最外层，值得注意的是，他们是唯一能够操控学校文化层和系统层的人。其他所有人、学生和教师都处于文化和系统结构性力量的内部。图 6.1 展现了真正的领导力既需要有责任心，又需要有一颗谦卑的心。学校领导者所处的位置让他们可以看见整个组织层，但这一优势地位是通过最大距离地远离学生而获得的，而学生又是整个系统中最为重要的人。

许多学校领导者被问及时都会说他们的工作是为了服务学生和学生的学习的。但一般来说，领导者并不直接服务于学生，而是通过各种组织层来服务学生。该模型提醒我们的是：领导者要想真正服务于学生，他们必须关注包裹着学生层的所有组织层——教师层、学校文化层以及学校系统层。忽视任何一个层级，或在任何层级中存在不一致的情况，就意味着领导者没有尽心尽力地服务于学生。作为学校管理服务人员，领导者要负责组织中各个层级之间的一致性。

我们选一条学校针对学生提出的要求——如为学生设置的目标——来提问："学校的各组织层是否都在支持着这一目标的实现？学校对所有共同体中的成员都有这样的期许吗？要使这个目标成为整个学校的价值追求并一贯实施下去，我们需要做什么？学校是否在践行所宣扬的价值观？"

维思学校的毕业生形象揭示了深度学习的一项技能是有效协作能力。我们也会提供给学生一系列标准告诉他们有效协作意味着什么。

有效协作

- 我们一起做计划（积极贡献、参与）；
- 我们彼此鼓励（支持所有的成员）；
- 我们领导他人（需要的时候采取行动）；
- 我们跟随他人（需要的时候把握方向）；
- 我们使用专业知识（利用我们的优势）；
- 我们共同承担责任（分工完成）；
- 我们做好本职工作（我们个人的职责）；
- 我们建立关系网（寻求其他专业意见，超越眼前的目标）。

为学生界定价值或目标是一回事，实现价值或目标又是另一回事。如果我们期望学生在有效协作中取得成功——完成挑战性的复杂目标——学校领导者必须对变革模

型中每一层级的协作做详细的检查。

　　从围绕学生的第一层——教师层开始。与学生一样，教师也要进行有效的协作：一起做计划、彼此鼓励、领导他人、跟随他人、使用专业知识、共同承担责任、做好本职工作及建立关系网。我们需要回答接下来会出现的问题：教师为有效协作做了怎样的准备？他们需要多少时间用于协作？他们需要多大的心理空间来共同计划、彼此鼓励和领导他人？教师是否知道如何协作？如果不知道，我们是否有提供给他们学习的机会？在我们的经验中（可能也在你的经验中），这些问题的真实答案表明很有必要进行变革。

　　但请不要停留在这些问题上，向外移动到学校文化层与学校系统层。当教师进行有效协作时，一个学校的文化应该是什么？是什么样的核心理念驱动着这种文化？我们协作的规范是什么？我们学校的文化是否鼓励和促进了教师的学习？教师的领导力呢？成长型的思维模式？共享责任？我们也会针对学校系统层提类似的问题。校历表和作息时间表为协作提供了专用的时间吗？什么时间是用来让学生和教师学习有效协作的？他们能在哪里进行有效协作？

　　我们的领导者也必须有效地协作来引领教师和学生发展深度学习技能。领导者知道该如何和何时前进一步引领教师或后退一步跟随教师吗？学校领导者在多大程度上分享了他们的决策？在需要支持和指导时，学校领导者会寻求他人帮助吗？

　　这只是一个深度学习技能的例子，但你能看到要引领一个和谐的组织需要严谨的探究、果敢的勇气和持久的投入。创设一所我们需要的、并且值得拥有的学校是一项艰苦的工作，也是一项正确的工作。

二、核心领导力价值

　　本章剩下的内容将分为两部分：第一部分是一组对"领导力"（leadership）的重要见解，这些见解来自我们的"旅程"，也相信这些见解能对你们的"旅程"有所助益；第二部分是一些给学校领导者的实践建议。

> **引领变革需要：**
> - 愿景和勇气；
> - 含有德育目的的使命；
> - 持续学习的态度；
> - 留任的能力。

（一）愿景和勇气

愿景和勇气是引领深度学习的关键所在。霍华德·加德纳（Howard Gardner，1996）在《领导的思想》（*Leading Minds*）中探讨了 20 世纪具有影响力的领导者的特征。他发现无论是领导一个国家、一场运动或者一所学校，最成功的领导者都具有传达未来愿景的能力，而愿景能够激励人们朝着目标前进。

引领深度学习的教育者要不断地重复学习结果、教学和学习的愿景，它促使学生、教师、家长和社区成员重新设计和变革学习、课堂和学校。

然而，光有愿景是不够的。引领变革是一项麻烦且艰难的工作。领导者需要鼓足勇气采取行动，同时也需要在历经不可避免的挑战、失误以及各种反对变革的声音之后仍能坚持下来。并非所有的人都会赞同所实施的变革，有一部分人甚至会竭力反对，这表明引领需要勇气。例如，为了给教师提供共同计划的时间，领导者可能需要通过牺牲荣誉课程的优先安排权来重新安排学校作息时间表。这种情况下，如果愿景很清晰，它会促进领导者们鼓足勇气去实施变革。

没有勇气去实施的愿景是一个没有结局的精彩故事，没有愿景来支撑的勇气所带来的不仅是无效的更是破坏性的变革。领导力是愿景和勇气的综合运用。

反思领导力是否促进深度学习，可以问一下自己以下问题：我的愿景如何清晰地描绘出了未来的图景？愿景多大程度能够促使他人进行引领或跟随？需要我有多大的意愿来实现这一愿景？

（二）含有德育目的的使命

使命很重要。使命书描述了组织的目的和潜在的哲理，它向外界传递我们是什么的信息。为了促进深度学习，使命书要体现大的目标和深刻的哲学，而学校和社区要同时承担这份含有德育目的的使命。

我们最喜爱的一位教育领导者迈克尔·富兰（Michael Fullan，2002）将"德育目的"描述为超越组织之外的社会责任。用富兰的话说：

> 带有德育目的的学校领导者力图改变学生的生活。他们关心如何缩小好学校与差学校之间的差距，也关心如何提高好学生和差学生的学业成就并缩小二者之间的差距。他们采取有效的行动，力图在自己学校产生积极影响的同时也改善其他地区学校的环境。（p.17）

在维思教育，我们的使命是让学生做好大学、工作和生活成功的准备，从而改变他们的人生，尤其是那些将会是家庭中第一个进入大学的学生。我们的使命是德育目的在深度与广度上的精准反映，它将在10年多的时间里帮助我们聚焦最重要的事：大学、工作和生活准备。

你们的课堂、学校、学校系统有清晰而醒目的使命吗？你们的使命是如何描绘德育目的的？你们用什么样的方式让使命帮你实现德育目的？

（三）持续学习的态度

学校的核心目的是学习。当今大多数的学校聚焦于学生的学习，而成人学习往往是分散的、表面的，且通常是随意计划的。这代表我们的教师和领导者缺乏对学习的投入。

为了达成更深层次的学习结果，教育者需要创建一个学习共同体，其中所有成员（学生、教师、父母、领导者）都要参与学习。领导者要采取并表明持续学习（persistent Learning）的态度，持续学习意味着即便遇到困难也要坚持。

维思教育的四大核心价值观之一就是持续学习。持续学习意味着我们是深思熟虑的，我们下定了决心，既从成功中总结经验，又从失败中汲取教训。不断的学习让我们变得更加明智和强大。我们勇于创新，永不放弃。

任何时候，在遭遇与招生、预算和辍学相关的各种挑战时，我们从未放弃过。我们相信持续学习的态度能够创造组织韧性（organizational resilience），并有助于学生取得卓越的学习结果。

你持什么样的态度？你的学习参与度如何？面对挑战性和棘手的问题时，你如何回应？

（参见"附录"中的"维思核心价值观"。）

（四）留任的能力

学校的领导者经常替换。由校长和学校负责人组成的旋转门一直在转动，而越来越少的老师认为学校领导者是一个不错的职业选择。因此，我国学校和地区领导者的缺口持续增大。

学校领导的工作被认为是一项非常棘手的工作。在 2003 年，公共教育改造中心（Center for Reinventing Public Education. Fuller，Campbell，Celio，& Harvey，富勒、坎贝尔、切利奥和哈维，2003）公布了一项关于城市学校负责人的调查，学校领导者的工作被形容为：非常棘手。

达成更深层次的学习结果是需要时间的，我们需要领导者能够一直留任下来以在所有的变革实施阶段引领变革。如果换了领导者，除非新的领导者能通过体制化阶段（即嵌入了组织的结构与文化）看到变化，否则学校和地区很有可能会回到旧的模式和实践中去。这正是我们实施共同核心标准面临的风险。

鲍勃留给维思教育很重要的一部分就是他的留任能力。不像许多其他的执行董事，自从维思成立以来，鲍勃就一直在，并与维思共同经历了许多风雨。为什么呢？因为他致力于维思教育使命，不仅仅为我们自己的学生，也为全国所有的学生。这些年，为了能适应经济、政治和社会形势，适应学生、家长、教师、领导者和社区不断变化的需求，他重新设计了维思，而其中就包含了改变自己对维思的贡献方式。多年以来，他的身份从教师转变为校长，然后是咨询师、培训师、指导，再到执行董事，最后过渡到今天的这个角色。就像当初作为维思教育的领导者来引领创新，今天他又努力把维思模式带到全国所有的学校。

鲍勃的领导之旅充满了挑战、过失和反对，既在意料之中又在意料之外。鲍勃和维思的坚持不懈引领了成千上万的学生进入大学并取得了成功，其中大多数学生都是家庭中的第一位大学生。

建议别人留在一个非常棘手的工作岗位上的确不太合理。解决这个问题的办法是利用你的领导位置来设计可以完成且理想的工作。思考一下什么样的学校会让你想要一辈子在里面学习、教学和担任领导岗位，把这个作为你的愿景。

三、引领深度学习的实践建议

基于前面一部分对领导力的见解，现在来介绍一些基本事实。以下的领导力技巧很好地服务了维思多年。

（一）尽可能多地兼顾方法和内容

在学校，我们经常会花大量的时间来关注变革方案技术层面的东西，比如作息时间表、项目和单元教案模板、指导手册。我想说的，并不是技术不重要，恰恰相反，它们很关键；然而，领导者需要带领他们的成员与自己一道进行变革，一旦人们意识到自己的参与促成了变革的产生，他们就会成为变革的主人翁。但为了避免形成共识时的混乱或有时冷清的过程，领导者会经常回避大规模的参与。我们发现，寻求变革的协议和过程不仅能使结果变得更好，也扩大了变革参与者的范围。

（二）使用快速决策

在维思教育中，我们使用的决策程序是由哈佛商学院开发的"RAPID"。RAPID代表：

1. 建议（Recommend）：某个人或组织为变革提出建议。

2. 同意（Agree）：指定的领导者同意或否决潜在的决策。通常是最高级领导人或领导小组（比如主管或董事会）。

3. 执行（Perform）：重要的是要确定谁来执行决策所产生的工作。（有多久我们忘记收集来自实际工作人员的意见？）

4. 纳谏（Input）：如果有进行真实纳谏的机会，人们会轻松地向领导者提供他们的想法。领导者必须直接表明这是在收集意见，也要使人清楚谁具有决策权。在展示即将要进行的变革思路后，维思学校经常使用一种叫作"0～5"的程序来收集大家对某项潜在变革的意见。陈述和讨论的最后，人们通过竖起的手指头数量来表示支持程度：

> 5：完全支持
>
> 4：强烈支持
>
> 3：支持
>
> 2：保留态度
>
> 1：强烈的保留态度
>
> 0：极力反对变革

尽管这个程序不要求达成共识，但至少目前的设想是如此，即当大多数的人给出"2"或更低的支持时，领导者在实施变革时就需要三思而后行。还有一种情况，考虑到变革的必要性，领导者可能仍然会向前推进变革，他需要清晰地知道人们的立场。

5. 决策（Decide）：清楚谁拥有决策权，即谁做决策至关重要。在维思，我们试着下放决策权，使其尽可能接近工作发生的源头。然而，具有讽刺意味的是，人们经常不想要决策权，他们更愿意由上级来决定，这样一旦遇到问题，他们就不需要承担责任，上级将承担过失。领导力中最困难的部分并不是做决策，而是如何让别人学会做决策。（参见"附录"中的"维思学校的决策"。）

（三）建立规范和使用基本规则

我们相信对小组来说建立会议（或课堂）规范是非常关键的。维思的规范是：

- 倾听他人，尊重他人；
- 准时出席：不得携带其他设备，不干无关事务；
- 沉默等于同意（在会议中表达你所关心的内容）；
- 前进或后退——我们需要听到各种声音。

我们采纳了顾问苏珊·爱迪塞尔（Susan Edsil）的"基本规则"，并发现这些规则在帮助召开更有效的会议时已经开始发挥作用。（参见"附录"中的"会议的基本规则"。）

（四）将每一次会议当作一节精心设计的课来计划

无论规模大小，每一次会议和互动都是推进学校愿景的机会。领导者倾向于只将大型会议或影响力大的事件作为交流学校变革的机会。而事实上，会议室中每次团队的会议、办公室中每次一对一的讨论、会堂中的每一次互动、课堂中的每一次观察都是推进学校愿景的机会。领导者必须知道自己的使命并重复他们的准则（"我们放慢脚步是为了走得更快""我们的使命——大学成功"等）。他们必须实现这一使命，简单但是经常被忽视的方法是确保所有会议和互动都塑造组织的使命与价值观。

这意味着不再有"守株待兔"或"遍地开花"式的专业发展。用发送电子邮件的方式来代替用 PPT 站着讲授的员工会议（员工也把这当作是自我提升的机会）。深度学习的引领者是学校的优秀教师。如果是一所和谐的学校，那么成人的学习必须能反映出我们所希望的发生在学生身上的学习。每一次或大或小的会议都应该有明确的目标和一堂好课理应具备的结构，即以学习者为中心、基于探究、鼓励参与。会议是领导者建立和谐体系的最佳手段之一。（参见"附录"中的"会议议程模板"。）

我们是国家学校改革学院（National School Reform Faculty，NSRF）的铁杆粉丝，也超级喜欢他们放在和谐教育中心网站（www.nsrfharmony.org）上的资源。每次开会，为了达到想要的结果，我们都会运用他们的资源导航来找寻合适的协议和过程，然后训练所有的员工使用这些协议。

主要的过程之一是调整协议，我们用协议来审查项目草稿、日程安排、专业发展议程——审查任何我们想要得到反馈的事情。我们经常发现这个过程本身就为汇报者和反馈给予者提供了新的见解。（参见"附录"中的"NSRF 调整协议指南"。）

（五）放慢脚步是为了走得更快

有远见的领导者具有强烈的紧迫感，这是对的。但如果领导者脱离群众太远，这就可能成为大问题。许多领导者步子迈得太快导致变革失败，而再次启动相同的变革基本上是不可能的。这听起来似乎有些矛盾，领导者的紧迫感使得他们预期的变革注定失败。而领导者肯花时间来培养能力和扩大变革所有权会增加变革成功的机会。借用吉姆·柯林斯（Jim Collins）影响深远的论述商业领导力的著作《从优秀到卓越》（*Good to Great*，2001）中的一个类比：一旦飞轮旋转起来，变革的速度就会提高并且很难停下来。放慢速度是为了走得更快，这似乎是违反直觉的，但所有伟大的变革者都知道怎样平衡紧迫性与能力培养二者之间的关系。

（六）让变革简单化

维思教育的三年战略计划只有三页纸。我们相信各个组织投入大量时间制订的复杂的长篇战略计划，除了少数参与制订计划的委员们外，其他人几乎都看不懂。我们再重申一次，我们赞成领导者紧迫地实施变革，但想要在同一时间内突破系统中的所有部分，最终反而会导致一事无成。

非预期的后果和制度惰性是阻碍理想结果实现的障碍物，我们把变革看作冲破障碍物、通往理想结果的河流。在这个过程中，我们可以选择一块一块地拆除这些障碍物，也可以从战略上先选出三到五块障碍物进行拆除（因而称之为"战略计划"），这样可以帮助释放"河流"的能量，从而推动整个组织向前发展。而这些选出来的"障碍物"便成了我们变革的焦点、要旨和准则。组织、学校甚至是课堂中的集体力量都会聚焦到这几条变革主旨上。

领导者也要支持变革。当把学校传统时间表改为课时更长的区块时间表时，成功的领导者已经培养了教师利用长课时来进行项目式学习和表现性评价的能力，他们不会在计划实施之后再开始教师专业发展。进行深度学习的评价时，成功的领导者会从一个目标开始，帮助学校和教师培养有效落实这个目标的能力。这个目标落实后，他们再增加下一个，以此类推。

（七）坚持成功的愿景，也准备好迎接所有问题

正如我们早先提到的，战略计划只有一半的成功率，因为它们仅仅是一个"计划"。但无论发生什么，我们有百分之百的学习和调整该计划的机会。正是这种百分之百的机会最终会带给我们成功。

制订深度学习变革计划时，先给自己和你所领导的人们描绘一幅明确且令人信服的蓝图。清晰、详细、有趣地讲述这个未来的故事，但也要解决任何可能出错的问题——每一个陷阱、每一条弯路、每一个令人不快的障碍——无论是否在你的掌控之中，我们都要设法解决。

我们喜欢使用爱德华·德·波诺（Edward de Bono）的"六顶思考帽"（Six Thinking Hats，2014）来发挥团队的力量——从多个角度来思考同一个问题——画最好的蓝图，做最坏的打算。（可以从以下网址了解更多此协议内容：www.debonogroup.com/six_thinking_hats.php）

（八）别忘了保持乐趣

注意布鲁斯·斯普林斯汀（Bruce Springsteen，鲍勃的音乐英雄）的建议：

尽情歌唱吧，尽情摇摆吧，年轻的音乐家们。打开耳朵，敞开心扉。别把自己太当回事，但也要像对待死亡一样认真对待自己。不要担忧，但也允许有担忧得要命的时候。拥有铁定的信心，但也要有所怀疑——它让你保持清醒和警觉……今晚你走上舞台，带来摇滚之声，就当它是你所拥有的一切，但之后要谨记，它只是摇滚。（2012）

当然，教育是改变人生的工作，它不是摇滚。但教育者和音乐家同样需要经历这种悖论：要想在严肃的工作中取得成功，我们就不能太把自己当回事儿，尤其是领导者。

以下是我们在维思中用来保持乐趣（和拿自己开涮）的技巧：

- 和团队一起利用艺术做有意义的事情。（可以是手指绘画。）

- 唱歌。

- 以欢乐的游戏开始会议，或作为助兴的中场休息——领导者需要带头示范。（想象鲍勃穿着香蕉装带领大家跳康加舞的情景。）

- 以小组为单位讲述个人故事——领导者要第一个讲。

- 一起聚餐。

- 一起下厨。

- 去场外。

- 去休闲胜地。

如果我们太把自己当回事，人们就不会跟随你。如果整个过程是无趣的，我们在达成目标之前就已放弃。

参考文献

1. Collins, J. (2001). *Good to great：Why some companies make the leap—and others don't*. New York, NY：HarperBusiness.

2. Costa, A. L., & Garmston, R. J. (2002). *Cognitive coaching：A foundation for Renaissance schools* (2nd ed.). Norwood, MA：Christopher-Gordon.

3. Costa, A. L., & Kallick, B. (1995). Systems thinking：Interactive assessment in

holonomous organizations. In A. L. Costa & B. Kallick (Eds.), *Assessment in the learning organization: Shifting the paradigm* (pp. 3 - 7). Alexandria, VA: Association for Supervision and Curriculum Development.

4. Fullan, M. (2002). The change leader. *Educational Leadership*, 59(8), 16 - 20.

5. Fuller, H., Campbell, C., Celio, M., & Harvey, J. (2003). *An impossible job? The view from the urban superintendent's chair*. Seattle, WA: Center for Reinventing Public Education.

6. Gardner, H. (1996). *Leading minds: An anatomy of leadership*. New York, NY: BasicBooks.

7. Koestler, A. (1974). *The roots of coincidence*. London, England: Pan Books.

8. Six thinking hats. (2014, May 23). The de Bono Group. Retrieved from http://www.debonogroup.com/six_thinking_hats. php

9. Springsteen, B. (2012, March 28). Exclusive: The complete text of Bruce Springsteen's SXSW keynote address. *Rolling Stone*. Retrieved from http://www.rollingstone.com/music/news/exclusive-the-complete-text-of-bruce-springsteens-sxsw-keynote-address - 20120328 # ixzz3DQFJB

第七章　号召行动

以前我是被迫学习，现在我深感荣幸。

——维思毕业生斯坦萨尼尔·蒂德韦尔（Stazanea Tidwell）

反思深度学习教育

医生兼作家阿图·葛文德（Atul Gawande，2013）在《纽约客》（*New Yorker*）杂志上撰文描述，19 世纪的两样发明（发现）改变了医学实践，其中一样发展迅速而另一样则发展缓慢。麻醉药的最初使用记录出现于 1846 年 10 月和 11 月，但到了 1847 年 6 月，麻醉药已迅速传播，在世界各地普遍应用。相比之下，苏格兰外科医生在 1867 年就已经证实，外科医生可以通过洗手的方法来阻止败血症（通常是发生于外科手术之后的感染）的扩散。尽管败血症很严重，是 19 世纪末病人致死的主要原因，但洗手成为医生的行业标准操作却足足花了将近 30 年时间。葛文德说：

> 在电子通信时代，我们期待重要发明迅速扩散。事实上也确实如此，比如体外受精、基因体学以及通信技术本身。但同时也有很多非常重要的发明并没有传播开来，这是为什么呢？

他认为前面提到的两样发明（发现）都使病人受益，不同的是，麻醉药的使用同时也使医生受益，其积极作用是即时可见的：谁愿意给痛得尖叫打滚的患者做手术呢？麻醉药使外科手术从混乱不堪变得秩序井然。相比之下，洗手的流程要求医生从根本上改变他们的实践，以不同的视角思考自己的职业，而这一切都只为了一个效果不会马上出现的改变。因为医生的抵制，这项改变进展缓慢。

如果我们把深度学习看作是针对国家教育问题的"治疗"，那么洗手的历史则表明了我们面临的挑战。使用表现性评价和项目式学习来变革学校需要教育者投入更多的时间和精力，至少在初期是如此，也需要他们在各层级的实践中进行巨大的变革，而这种"治疗"的积极效果却不是立竿见影的。但就像外科医生洗手一样，这份时间、资源和经历的投入将最终挽救生命。

深度学习不是新鲜事。本书讨论的许多原则和策略至少在 100 多年前，自从约翰·杜威提倡更多参与、更多民主的学习以来就被四处传播。20 世纪 80 年代，泰德·森泽通过他的著作《霍拉斯的妥协》（*Horace's Compromise*，1985）和其创立的基础学校联盟（Coalition of Essential Schools）重新开启和推进了深度学习这项事业。20 世纪 90 年代以来，全国的教育机构，包括维思教育和我们的深度学习网络同盟（Deeper Learning Network colleagues）——高科技高中、大图景学习（Big Picture Learning）、远征学习、公立学校国际网络（Internationals Network for Public Schools）、新技术网络（New tech Network）、教育愿景学校（EdVisions）、亚洲协会（Asia Society）、新愿景学校（New Visions）和连结教育（ConnectEd）——一直在重新设计学校，尝试采用深度学习策略并取得积极成果。

鉴于其 100 年的历史，深度学习明显属于"洗手"而非"麻醉药"范畴。刚刚意识到这点时的确令人沮丧，当我们知道一种变革是正确的时，就恨不得变革潜在的作用能马上在所有学生身上生效，其作用少发挥一点都会让人觉得痛心。

但我们不能因变革步伐慢而沮丧。相反，洗手的故事给我们提供了希望，也激励我们投入。由于一直没有放弃，洗手的倡导者们最终说服了世界工业化国家在医学领域内进行了一场规模宏大的变革，有效地将手术从不知胜算几何的俄罗斯轮盘赌游戏变为了挽救数百万生命的医学实践。

这个社会过程今天仍在继续，因为消毒卫生工作在世界许多地方仍然没有得以实施。在印度偏远地区，"一对一"的护士接生婴儿方式依旧发展缓慢。促使改变的发生需要专家使者们"驻足实地"，如同葛文德所说，训练有素的使者们要不断地拜访当地，在这个过程中，除了技术培训技能，他们的社交技能也同样重要。

这也是我们长远广泛地传播深度学习的核心。技术、社会媒体、大信息运动、教师激励项目——所有这些都在社会变革运动中占有一席之地。但是，只有当教师与教师进行对话、校长与校长进行对话、教育主管和其他决策者也加入对话时，真正的变革才会发生。人际关系生成了，个人选择就会跟上；为了变革教育，深度学习运动需要这些人际关系。与葛文德一样，我们引用了传播理论的伟大学者埃弗雷特·罗杰斯

（Everett Rogers，1995）的一句话，他认为"人与人交谈"就是创意播散的过程（罗杰斯，2002，p. 990）。

我们鼓励每一个相信深度学习的人进行交谈并践行之。讲述因为尝试运用深度学习策略转换教学方式从而帮助学生学习的故事；看看你的同事正在做什么：听他们讲，向他们学习，帮助他们迎接挑战；提大量的问题；培养广泛的人际关系。请记住，教师们共享一个目标：提供给学生他们所需要的东西来想象和实现光明的未来。促进对话可以帮助你和你的同事改进课堂实践和重新设计学校，这样学生才可以更好地实现目标。我们变革教育的最优策略是建立牢固的关系，并通过它，我们分享深度学习故事。

一、采取行动：开始一场运动的时候到了

本书试图做成一个案例或成为一份变革课堂、学校和学校系统的指南。但我们承认：说起来容易做起来难。

在我们工作的不同阶段，如果你和我们有同样的感觉，你就会问："我从哪里开始?"就像任何长途旅行或挑战性的任务一样，最难的部分不是想象目的地，而是如何迈出第一步。

以下是三条建议，根据您的角色和所处情境，选择其中一条适合你的建议作为起点：

- 设定目标，每年至少为学生创造一次深度学习经历。
- 和学区一起启动毕业生档案的开发。
- 引领一个结构性变革以帮助转变学校文化。

（一）"从哪里开始?"——建议 1：确保每年至少一次深度学习经历

来自远征学习的同事罗恩·伯格（Ron Berger，2014）讲述了他父母去欧洲旅行的故事，他们使用火车通票在 12 天内访问了 14 个国家。罗恩希望父母能在一个国家多停留几天，然后把剩下的时间留给其他八九个国家，这样他们便能深度接触一个国家的文化、饮食和人民。

罗恩和我们都认为，旅行者和学习者只有放慢脚步并深入了解时才能受益，至少

能在一段旅程中受益。

如果你相信深度学习，那么每年至少给学生提供一次深度学习经历是最简单的开始方式，因为你不必等待重新规划学校或所有同事都买账。单独一位老师和他的学生花一些时间就可以进行至少一个项目或者复杂的表现性评价。

以下是一些例子：

- 就某个特定话题建立班级网页；
- 开展学生论文汇报的研讨晚会；
- 参与线上或线下的科学展；
- 举行辩论赛；
- 举办诗歌朗诵比赛；
- 制作作品参加创客嘉年华；
- 学习编程开发应用软件或游戏；
- 编写剧本并演出；
- 在校外做实验；
- 策划照片展；
- 为年龄较小的学生备课上课。

想要了解更多有关设计深度学习经历的方法，请参见第三章。

不要低估深度学习实践和期待其流行起来的力量。鲍勃的深度学习之旅是受到了他同事工作的启发。学校变革通常从深度学习开始。如果深度学习没有在校园中发生，那么很难建立起深度学习的案例。如果是老师，就从课堂开始。如果是学校领导，就从鼓励至少一位志同道合的老师做贡献开始。

请记住：哪怕实施一点点深度学习，就意味着牺牲一些广度学习。接受这种折中是困难的，但拒绝接受会使深度学习变得不可能。

（二）"从哪里开始？"——建议 2：为学校开发毕业生档案

如果你的学校还没有建立毕业生档案，那么另一个开启深度学习旅程的方法就是号召学区来共同开发毕业生档案，共同宣布学生毕业时应该达到的应知与能会。

> 想要了解我们关于毕业档案的深度探讨请参见第一章。

如果人们问为什么需要毕业生档案，除了学校已经存在的箴言和宗旨之外，它还能提供什么额外的信息时，你可以这样回答：在新世纪、新经济以及新州立标准的合力挑战下，我们为学生设定更具体、更符合时代要求的目标。

收集社区里学生、教师和家长的意见，针对学生为将来需要做的准备进行对话。开发毕业生档案的过程与其成果一样重要，经过深思熟虑的合作开发，毕业生档案可以成为社区中每个人的北极星，不言而喻且坚定地指向深度学习的必要性。

（三）"从哪里开始？"——建议3：引领学校结构性变革

本书认为，学校要进行并保持深度学习，需要在文化和结构上进行大规模的变革。

> 选择第五章中讨论的一种学校结构，组织一场运动进行结构性变革。

有时候，改变结构比改变所有人的想法更容易，至少最初是这样。事实上，结构的变革常常为文化的变革创造可能性，因为时间和空间的新安排打开了新的观察方式。例如，导师制项目让学生和教师以不同的方式相互联系，也从不同的视角来看待对方，为后续的变革奠定了基础。

其他能应用于深度学习的结构包括促进项目式学习的区块时间表、每周教师的合作时间或者任何形式的有组织的学生实习机会。选择一个你认为你们学校做得比较成熟的结构。

实施结构性变革不需要一定由学校领导进行。一位有魄力的老师（或学生、家长）通常是成功的实习项目、年度学习展出或新的作息时间表的背后推手。

无论何时带头进行变革，请做好解释为什么这样做和如何去做的准备——为变革将会深化学生学习的原因准备有说服力的解释，为变革具体运行的方式准备详尽的计划。

二、"它是可以达成的吗？"

不管是亲眼看到还是亲耳听到我们谈论我们学校的状况，教育领导者在表示赞赏后，通常会接着表达他们的怀疑："这令人印象深刻，但它是可以达成的吗？"

这句话翻译得再直白一点就是："这看起来很难，有没有更容易的方法？"

什么是"可以达成的"？我们认为，是希望这个解决方案更容易、更简单、自动化甚至"人性化"。

我们听闻在医学上也是同样的。葛文德描述在印度指导挽救生命的分娩实践工作时指出："最常见的反对意见是：即使方法奏效，这种'一对一'的实地指导也是不可能达成的。"他反驳说关于可达成"有一件事是肯定的"，它指向医学、农业、教育（如改善全球识字率）中发生的重大变革，只有通过大规模的社会投资和成千上万的践行者才能实现。这些活动都在提醒我们，"可以达成"不是廉价或轻松的代名词。

如果一所学校可以改变几百名学生的生活，那么两所学校就可以改造两倍学生的生活，三所学校可以改造三倍学生的生活。如果一个学区可以改变成千上万的学生的生活，那么两个学区就可以……依此类推。我们不必知道深度学习是否可以达成，看看那些已经证明了这个观点的组织：远征学习、亚洲协会、高科技高中和新技术网络，他们都达成了深度学习，但没有人会说，深度学习曾经或将会很容易。

葛文德写道：

> 在苹果手机、脸书和推特的时代，我们开始迷恋和麻醉药一样毫不费力就可以传播的观点。我们想要一套顺畅且完整的解决方案来应对这个世界上类似于饥饿、疾病和贫困等主要难题。我们更喜欢把教学视频提供给老师，把无人机配备给部队，把奖励措施落实到各个机构。人和机构感受到的是混乱和不合时宜，正如工程师们所说的，他们引入了不可控差异。

如果有哪个领域应该接受这种"不可控差异"的话，那么就是教育领域。我们的工作是发展人类潜能。我们不能也不应该试图避免以人为中心的迷茫。约翰·梅罗

(John Merrow，2012) 用"成长中的人"总结了教育的目的就是让人刻苦学习。

所以它是可以达成的吗？对这个明确的问题我们的答案是"是"。

但对其隐含的问题的答案是"不，没有更加容易的方法"。

三、完美风暴

承认运动需要努力、耐心和毅力，并不是说变革的步伐不能改变或不会加速。玛格丽特·惠特利和黛博拉·弗里兹（Margaret Wheatley & Deborah Frieze，2006）认为，大规模变化不是从上而下发生的。相反，它们是从微小的本土行动中萌发，通过共享和学习，跨系统地建立联系。惠特利和弗里兹称之为"萌发"的这一过程可以收集巨大的集体力量来改变大的系统。

这些微小的本土行动最终会汇聚成"完美风暴"（惠特利和弗里兹，2006）。我们无法预测它们汇聚的具体时间，也不能估计风暴力量的大小，但当风暴来袭时，我们可以感受到它的巨大力量。之前微小的行动在某个时刻突然汇聚在一起，产生了巨大的力量，推动彻底而完美的变革。

越来越多的迹象表明，深度学习正在为这场完美风暴聚集能量。过去 20 年中，我们在课堂、学校和学区开展了小型本土行动来推动深度学习技能、表现性评价以及与标准相匹配的基于项目的教学的整合。我们通过系统越来越多地共享资源和交流学习。深度学习网络就是其中一个突出的案例。21 世纪教育领导者（EdLeader21）创立了另一个超过 130 个学区参与的网络系统，致力于教授 21 世纪技能。巴克教育研究院致力于促进世界各地的项目式学习，目前正在实现跨越式的发展。

同时，共同核心标准和下一代的评价加速了深度学习的萌发。尽管政策多变，共同核心标准通过重新定义"什么是大学和职业准备"，把美国的教育重点从知识转向实践，把表现性评价转变为主流。选择退出共同核心或测试联盟的州也不再使用"不让一个孩子掉队"法案时代的内容标准。我们期待经过润色修改后带有各州特点的共同核心新版本或超越共同核心的标准和评价，能进一步推动表现性评价的发展。

深度学习也同样出现在大学层面。学位资格档案（Degree Qualifications Profile）

在全国范围内试行，它界定了大学毕业生为工作、公民资格、全球参与和生活应该掌握什么。阿尔贝托学院和莎拉·劳伦斯学院（Alverno College and Sarah Lawrence College）等正在使用表现性评价来代替标准化考试。其他大学也在挑战 SAT 考试的"霸权"地位。路易克拉克大学（Lewis and Clark College）根据申请人提交的为工作做准备的作品档案袋来录取学生。巴德学院（Bard College）有自己的基于表现的入学考试，主要考量学生的学术写作能力。在全国的教师教育项目中，有抱负的教师必须通过名为"表现性评价下的教育者"（edTPA）的基于档案的表现性评价来证明他们已经准备好成为一名教师，这不仅提高了教师资格认证的严谨性，而且还为数以千计的年轻教育者提供了深度学习的范例。2014 年，加州州立大学的"加州州立教学项目"（CalStateTEACH program）把项目式学习纳入小学课程（巴克教育研究院出版，2011），要求小学教师候选人在培训中创建和实施基于项目的单元。

所有这些零散的深度学习的本土行动正在广泛传播并相互联结。他们做得越多，我们就越期待这些深度学习小行动聚合成"完美风暴"的那一刻。我们要继续把这看作是一项需要锲而不舍精神的长期运动。但目前正在以"洗手"的速度进行的变革可能会突然以"麻醉药"那样的速度进行传播。

让深度学习风暴的承诺不断激励我们。

四、收尾故事

写这本书时，我们有时会使用脸书来联系维思校友，收集他们高中毕业后对有关维思学校经历的反思。最贴心且周到的回复帖子无疑是来自一位名叫凯尔·朱尼诺的学生。

凯尔在帖子中反复提到一句话，即"大学让我发现维思学校对我的人生产生了很大的影响"。在另一个帖子中，他说："总之，我很高兴我曾在那里获得这些基于项目的技能。我多么希望那个时候我能对那些技能理解得更深，因为维思课堂和我许多大学课程的结构高度相似。"

凯尔的帖子让我们感到高兴的同时也觉得吃惊——凯尔没能从维思学校毕业。他是维思最早的学生学习团体成员之一，高一、高二时除了注意力不集中外其他还算好，但高三时他退学了。对学习的漠不关心恶化成肆无忌惮地旷课。我们很关心他的情况，尝试了各种干预措施，但他在学年结束前就完全不来学校了。

几年后我们得知曾经对他的担忧是正确的。为了写作本书我们采访了凯尔，因为我们对他的脸书帖子非常感兴趣。离开高中后凯尔度过了人生中黑暗的几年，他因为贩卖毒品而被逮捕，判以重罪。

法官给了他一个艰难的选择：三年监禁或者是需要全勤参与的社区大学缓刑。凯尔乐于避开牢狱之灾，但他回忆说，对重新回到学校的前景并不看好，认为那已经"不适合"他的生活。不过，为了满足缓刑条件他还是会每天出勤，也会交作业。

然后有一天，人类学教授米歇尔·马尔科维奇（Michelle Markovics）让凯尔课后留下来。"我读过你的一些东西，很欣赏你的想法和作品，"她说，"我想知道你是否愿意成为我的助教？"

"那一刻改变了我的生活，"凯尔回忆说，"就像她向我举起了一面镜子，突然间我看到了不一样的自己。"

从那时起，凯尔开始关心学校。他会完成阅读任务，也会提前写好文章留出修改时间。他开始和教授们交谈，也开始在所有科目中拿"A"。几年之后，他给高中英语老师贾斯汀发送了一条脸书消息，请他帮忙检查自己刚刚写的申请书。他准备申请从社区大学转学到加州大学伯克利分校。

申请书陈述了我们刚才所讲述的故事，写得非常令人信服，其经历和出色的成绩让凯尔拥有了扎实的申请基础。加州大学伯克利分校接收他成为一名大三学生。在伯克利，他痴迷于社会学理论，全身心地投入学业中去。第一学期结束时，他自豪地把成绩等级为"A"的截图发到了脸书上。

各地致力于教育事业的老师们喜欢讲像凯尔这样浪子回头的学生的故事，老师觉得曾经的失足没有对他产生影响，后来他做得很好，并回来感谢老师。凯尔在一个帖子中对我们说，"维思学校在我身上播下的种子后来真的在我生命中开花了"，他能这样想当然让我们感到自豪。

但是我们讲凯尔的故事并不是想把他的成功归功于我们自己。说实话，凯尔是个特例，我们都知道绝大多数高中辍学者的前景如何。浪子回头并被一所著名大学接收的现象也并非常态。从统计学上来说，凯尔代表了我们的失败，我们的辍学率有他的一部分"功劳"。一旦他进入辍学行列，我们就再也没有对他进行跟踪，他后来的成功并不属于我们（我们也认为它不应该属于我们）。

凯尔的故事提醒我们，统计指标无法告诉我们整个深度学习的故事，尽管我们对我们的统计数据，特别是那些最重要的统计数据有着很强的自豪感。几乎没有学生从维思学校辍学，100％的毕业生有资格上大学。维思的低收入多种族学生的大学持续率是同龄人的 7 倍，与中产阶级白种人一样。我们认为维思教育通过整合表现性评价和项目式学习例证了一种取得显著学习效果的学校教育模式。希望本书能够传达我们对学校设计的热情，并提供我们认为可行的依据。

希望你不要误解我们过于自信的热情。经验证据可以掩盖成功，也可以掩盖失败。我们的失败已经很多了，我们的愿景仍在发展。我们的学校正走在卓有成效的路上。令人沮丧的是，我们所取得的成功可能是暂时的。我们的项目式学习的质量也可能潮起潮落，时好时坏。可能你对学校文化感觉良好，但当你把注意力转移到下一件事情时它又会变得摇摇欲坠。工作是艰难且永无止境的。

这种现实的短暂性使深度学习变得如此重要。当学习是深入的时，它会使自身免受外界风云变幻的事物的影响。这就是为什么它一直和你同在的原因，也是为什么你进行再次深度学习时可以重新恢复到像凯尔一样优秀的原因。无论处于高潮还是低谷，我们学校始终坚持的是——也是最终成为我们成功的关键的是——我们的学生被问及学术经历时有故事可说：关于难忘的项目、毕业生答辩的挑战和胜利、开阔眼界的实习、多年间与老师之间建立的关系。"深度学习是你能够讲述相关故事的学习"，对我们来说，这仍然是一个有用的定义。

根据凯尔的分析，辍学之前他在维思学校的深度学习经历教会了他很多，并让他在后来受益良多。但凯尔没有在维思学校进行过毕业生档案袋答辩。在得到他最需要的东西之前，他离开了维思，而他最需要的东西就是：相信自己。他需要其他的深度学习经历来塑造学术身份。对凯尔来说，幸运的是一位教授注意到他，尊重他的才智，并举起了那面"镜子"。

学习的转变并不是命运使然，学校本就可以进行相关设计来改变生活。

视频 21：沙奈斯，曾用厌恶的态度看待美好未来

　　沙奈斯（Sha'nice）来到维思学校后，从对未来感到厌恶到充满希望，从对生活没有做好准备到毕业后准备迎接新的挑战，她的身上发生了巨大的转变。

参考文献

1. Berger, R. (2014, April 7). Getting off the train in Italy [Blog post]. *Education Week*. Retrieved from http://blogs.edweek.org/edweek/learning_deeply/2014/04/getting_ off_ the_ train_in_italy.html

2. Gawande, A. (2013, July 29). Slow ideas. *New Yorker*. Retrieved from http://www.newyorker.com/reporting/2013/07/29/130729fa_fact_gawande

3. Merrow, J. (2012, March 2). Digital natives, or digital citizens? [Blog post]. Retrieved from http://takingnote.learningmatters.tv/? p=5629

4. Rogers, E. M. (1995). *Diffusion of innovations* (4th ed.). New York, NY: Free Press.

5. Rogers, E. M. (2002). Diffusion of preventive innovations. *Addictive Behaviors*, 27, 989-993.

6. Sizer, T. R. (1985). *Horace's compromise: The dilemma of the American high school*. Boston, MA: Houghton Mifflin.

7. Wheatley, M., &Frieze, D. (2006). How large-scale change really happens—Working with emergence. Retrieved from http://www.margaretwheatley.com/articles/largescalechange.html

附　录

1.

维思学校课程纲要模板

课程名称

教　　师

邮　　箱

学校电话

课程概述

简要介绍课程范围和背后的理念。

基本问题或课程主题

列出一年中课程涵盖的基本问题或主题。

学习结果与 CA 内容标准的一致性

列出课程结束时学生能达成的学习结果。学习结果包含学生在一年的课程中掌握的内容和技能，这是学生需要掌握的学术技能，也是期望学生掌握的学术目标或内容。使用维思学校毕业生档案袋成果作为指南。

在表中展示与课程结果相关的具体技能和相关的 CA 内容标准。目标概述要包含技能和学生展示技能的方式，但不需要写上该学年期间要布置的所有作业、评价或项目。CA 标准有时与表述结果直接相关。其他相关的 CA 标准可能是课程序列中的知识领域，在这个领域里学生针对具体的目标进行学习。

例如：

结果（知与行）	相关的 CA 内容标准
利用纪录片或论文分析某一历史事件	历史 10.2 - 4：对标准叙述的简短概括

维思学校课程纲要模板

毕业生档案袋的一致性及领导力

具体说明本门课程作业或作品达成了维思学校毕业生档案袋的哪些要求。尽可能具体地说明课程中的哪些结果与毕业生档案袋所要求的内容相一致。同时，要考虑课程强调哪些领导力。这些都是要放入毕业生档案袋里的，因此需要明确说明领导力是如何融入学生的学习表现中的。

评价、展示和反思

提供如何在课程中评价学生的信息。提供与结果（上文已列出）一致的评价、展示和反思案例，但也可以列出评价或展示（列出主题的文章、纪录片等）的"一般"案例。参考已有的或将要开发的评分规则。阐释学生将如何反思他们的学习，因为这与维思学校的学术严谨理念（直接）相关。

评等系统

概述具体的评等系统（可以考虑将这部分与"评价、展示和反思"部分合并）。概述维思学校评等理念，阐释学生每个学期将获得的三个不同的等级（学业成就、领导力和学生工作技能）。然后具体解释该课程中的项目、演示、考试、小测验、"家庭作业"等如何与维思评等系统相一致。解释补交作业、申请作业延时以及课堂期望的相关政策。这里不需要列出详细的分数百分比，除非你的评等系统在这三个不同评分领域里使用了百分比。

课程大纲

简要概述本课程包含的主要学习单元。可以做得很具体，但一定要记住：虽然大纲提供了这门课程的大致内容和课堂进度，但它不是一成不变的。

课程材料或课本

提供给学生和家长在课堂中将使用的具体材料、课本和其他资源的信息。

其他

以上各项没有覆盖的内容可以在这里添加。当然，可以更改标题"其他"来更准确地反映本部分内容。

维思学校课程纲要模板

家长或监护人签字

说　　明

父母或监护人请在下面签名确认您已经阅读并理解上述课程纲要内容。如有任何问题，请随时联系老师。

父母或监护人姓名＿＿＿＿＿＿＿＿＿＿＿＿＿＿＿＿＿＿＿＿＿＿＿＿＿

学生姓名＿＿＿＿＿＿＿＿＿＿＿＿＿＿＿＿＿＿＿＿＿＿＿＿＿＿＿＿＿

父母或监护人签名＿＿＿＿＿＿＿＿＿＿＿＿＿＿＿＿＿＿＿＿＿＿＿＿＿

日　　期＿＿＿＿＿＿＿＿＿＿＿＿＿＿＿＿＿＿＿＿＿＿＿＿＿＿＿＿＿

2.

维思学校大学成功档案袋表现性评价：科学探究

为了展示其在科学上的探究素养，学生必须完成一个体现以下结果的表现性评价：

启动探究

学生能够提出通过科学调查来探究的问题以及提出可检验的假设的证据是什么？

- 提出可实证检验的、科学的问题；
- 构建图表、模型来呈现所调查的内容；
- 解释代表系统或过程的模型的精确性和局限性；
- 形成与研究问题直接相关的可检验的假设。

计划并实施调查

学生能够设计并实施调查去探索自然现象的证据是什么？

- 设计控制实验（进行多次实验）检测提出的假设；
- 确定并解释假设中的自变量和因变量；
- 清晰交流过程细节以便其他小组复制；
- 为所有实验创建详细且清晰的数据收集方法；
- 多次实验。

呈现、分析和解释数据

学生能够组织、分析和解释数据的证据是什么？

- 运用图表组织数据；
- 运用数学规范来表达关系和数量（单位）；
- 解释数学运算结果与预期结果的关系；
- 分析和解释数据并从中发现模式；
- 从数据中得出推论；

- 在推论中指出进一步调查可能产生的优劣势。

构造基于证据的论据并交流结果

学生能够基于证据进行解释并有效地交流得出结论的证据是什么？

- 构造科学的论据，解释数据和可接受的科学理论以支持观点；
- 确定对立面观点（科学论据或个人论据中可能存在的缺陷）；
- 形式多样地交流结论（文字、图表或数学表达式）；
- 提出的结论包含对研究局限性的具体讨论；
- 针对研究目的和读者对象运用恰当的语言和语气；
- 遵循科技写作规范，包括准确运用科技术语、量化数据和可视化表达。

反思

学生能够深刻反思表现、作为学习者的成长、在未来应用这种能力的证据是什么？

- 知：解释作品的目标、目的和学术技能；
- 行：解释过程、决策和所用到的领导力；
- 思：描述作品对自身、未来和作为科学家的成长的影响。

维思学校大学成功档案袋表现性评价：科学探究

评分领域	初级水平	E/D	发展水平	D/P	熟练水平	P/A	高级水平
启动探究 学生能够提出通过科学调查来探究的问题以及提出可检验的假设的证据是什么？	• 探究的问题用一般术语来陈述 • 背景信息有限或不相关 • 学生阐述了相关预测，但与调查问题的关系有限		• 探究的问题用特定术语来陈述 • 背景信息与问题相关，但组织不善 • 学生阐述了对预期结果的相关预测，但缺少解释		• 探究问题具体且可测 • 背景信息相关组织良好 • 学生阐述了对调查问题的预测、描述了所涉及的变量（使用了"如果……那么……"的假设）		• 探究问题是具体、可测且具有挑战性的 • 背景信息相关且组织良好，还提供了对探究问题的洞察 • 学生阐述了对探究问题的可能解释，清楚描述了涉及变量之间的预期关系（"如果……则……"因为……"的假设）
设计实验程序 学生能够设计并实施调查去探索自然现象的证据是什么？	• 实验设计与所陈述的问题无关 • 实验程序模糊且难以遵循 • 数据收集方法难以遵循 • 探究设计不允许控制自变量		• 实验设计与所陈述的问题部分相关 • 实验程序详细但不完整 • 数据收集完整但不完整 • 探究设计允许控制一个变量和测量一个因变量		• 实验设计与所陈述的问题相匹配 • 实验程序详细且明确 • 数据收集方法详细且明确 • 探究设计允许控制所有相关变量因变量		• 实验设计与所陈述的问题相匹配并显示出创新性 • 实验程序详细、明确、有逻辑 • 数据收集方法详细、明确、有逻辑 • 探究设计允许控制所有相关变量以及有效测量因变量

续表

评分领域	初级水平	E/D	发展水平	D/P	熟练水平	P/A	高级水平
数据收集、分析、呈现和解读 学生能够组织和分析数据的证据是什么?	• 数据仅基于一次实验 • 数据图表有限且有不准确信息 • 数据分析和解释不准确或不相关		• 数据仅基于一次实验 • 数据图表得以呈现，但可能组织不良 • 数据分析和解释相关但不一定准确		• 数据从几次重复的实验中得来 • 数据图表准确组织恰当 • 数据分析和解释准确且与探究问题相关		• 数据从几次重复的实验中得来并存在合理的范围内保持一致 • 数据图表准确组织和呈现了专业的组织和呈现 • 数据分析和解释完整并与探究问题直接相关
结论与讨论 学生能够解释数据、得出结论并评价评价结论效度的证据是什么?	• 结论与数据不一致 • 实验误差来源很少被确认 • 没有提出新的相关问题		• 结论基于数据 • 实验误差的来源得以确认，但没有讨论其影响 • 提出了新问题但不相关		• 结论清晰且与数据保持一致 • 讨论了实验误差的可能来源对结果的影响 • 提出了新的相关问题		• 结论清晰，与数据一致，并与专业文献中的数据进行了对比 • 讨论了实验误差可能来源对结果的影响，并提供解决方案以使未来的误差最小化 • 提出了新的相关问题和建议以便进一步研究

续表

评分领域	初级水平	E/D	发展水平	D/P	熟练水平	P/A	高级水平
规范 学生能够准确使用科学规范来交流思想的证据是什么？	• 语言和语气不符合写作目的和读者要求 • 试图遵循科技写作规范，但在诸如使用科技术语、量化数据或可视化表达时不断出现较大错误		• 语言和语气符合写作目的和读者要求，但伴有少量错误 • 遵循科技写作规范，但在诸如使用科技术语、量化数据或可视化表达时不断出现小错误		• 语言和语气符合写作目的和读者要求 • 遵循科技写作规范，包括准确使用科技术语、量化数据或可视化表达		• 语言和语气符合写作目的和读者要求 • 始终遵循科技写作规范，包括准确使用科技术语、量化数据或可视化表达
反思 学生能够深刻反思表现、作为学习者的成长、在未来应用这种能力的证据是什么？	• 知：任务分配下来后，能解释该课主题 • 行：对过程、决策和领导力的解释不完整或不清晰 • 思：陈述做得好以及可以改进的地方		• 知：能描述课堂相关语境（学习目标、任务目的或必要的技能） • 行：对过程、决策和任务中使用的领导力解释简明扼要 • 思：解释任务如何影响作为学习者的自我		• 知：能清楚地陈述一般学习目的，包括成功所需要的学术技能 • 行：对过程和决策，对任务期间使用的领导力的解释详尽彻底 • 思：描述任务如何影响自我和自己的未来，包括作为科学家的成长		• 知：能明确地将该堂课内容、技能与课堂语境以及任务目标的联系起来 • 行：对过程、决策和领导力的解释能像该领域的专家一样通过深思熟虑之后再给出 • 思：描述和分析任务如何影响自己的未来，包括作为科学家的成长

维思学校大学成功档案袋表现性评价：英语语言文学文本分析

为了证明学生掌握了英语语言文学课中文本分析的方法，学生必须选择一个体现以下期望（目标）的写作样本来展示他们的阅读能力、批判性思维以及有效沟通的能力，这些期望与英语语言文学的共同核心州立标准相一致。

批判性思维

论点

学生能够形成论点的证据是什么？

- 通过提炼中心思想或论点对文本做出反应，展示进行了阅读和批判性思维；
- 对关键问题、关注事项和与中心思想相关的备选观点做出确认与反应；
- 找出有洞见的关联、发现线索或做出作为阅读和分析结果的有意义的结论。

证据和分析

学生能够用以支持观点的证据是什么？学生能够分析证据的证据是什么？

- 仔细阅读一部或多部重要的小说或非小说作品；
- 仔细阅读并分析文本中的思想和观点以及作者用来传达这些思想的语言（比如语言特色、文学要素、修辞方法）；
- 提供相关的文本证据来支持观点和主张。

有效的沟通

组织

学生能够组织和建构观点进行有效沟通的证据是什么？

- 清晰地表达引导文章组织结构的中心思想；

- 呈现支持论点的连贯的内在结构；

- 不断运用过渡词在观点之间建立联系；

- 提出有适当深度的想法和主张。

规范

学生能够巧妙地使用语言进行交流的证据是什么？

- 运用的语法、语言和写作技巧符合作者的写作目的和读者的要求；

- 遵守恰当的语言规范；

- 使读物带有强烈的声音和修辞技巧（比如轶事、吸引人眼球的介绍、重复、句子多样性、排比等）；

- 准确且一致地引用文本证据。

反思

学生能够深刻反思表现、作为学习者的成长、在未来应用这种能力的证据是什么？

- 知：解释作品的目标、目的和学术技能；

- 行：解释过程、决策和所用到的领导力；

- 思：描述作品对自我、未来以及作为作家的成长的影响。

维思学校大学成功档案袋表现性评价：英语语言文学文本分析

评分领域	初级水平	E/D	发展水平	D/P	熟练水平	P/A	高级水平
论点 学生能够形成论点的证据是什么？	• 论点不明确或未形成 • 提出的主张不明确或不相关 • 一种观点主导论点，缺乏替代性观点和反论观点 • 得出表层的联系与结论		• 论点稍明确但泛泛而谈，反映了被动思考 • 提出相关主张 • 适当时简要提及问题，反论或替代性解释 • 得出一般意义上的联系或结论		• 论点明确，展示了深入的阅读和批判性思维 • 提出相关主张支持论点 • 适当时承认问题，反论或替代性解释 • 建立有意义的联系并得出有意义的结论		• 论点明确、良好且令人信服、展示了深入的阅读人的批判性思维 • 提出相关且有意义的主张支持观点 • 适当时承认并回答问题、反论或替代性解释以增强论点、建立有洞察力的联系、得出有意义的结论、并给出重要的启示
证据 学生能够支持观点的证据是什么？	• 依赖一两个与论点相关的理由、案例或引文 • 没有提及文本作者的观点或目的		• 引用与观点相关的有限的文本证据（理由、案例或引文） • 简要提及文本作者的观点或目的		• 引用与论点相关的充分且详细的文本证据（理由、案例或引文） • 确定文本目的及其对文本整体意义的影响		• 引用与论点相关的最重要的文本证据（理由、案例或引文） • 评估文本作者的观点或文本的及其对文本（整体）意义和思想的可信性及影响

续表

评分领域	初级水平	E/D	发展水平	D/P	熟练水平	P/A	高级水平
分析 学生能够分析证据的证据是什么？	• 展示对文本最小程度上的理解 • 总结但没有分析或评估文本中的思想或主张 • 没有提及作者支持中心思想或主张的做法		• 展示对文本基本的理解 • 总结并尝试分析中心思想或主张 • 简要提及作者支持中心思想或主张的做法（比如语言使用、文学修辞手法、组织）		• 展示对文本的全面理解，包括明确的和推断的含义 • 分析中心思想或事件发生的顺序及其在文本中的发展 • 分析作者的做法如何支持中心思想或主张（比如语言使用、文学修辞手法、组织）		• 展示对文本进行全面的和批判性的理解，包括明确的和推断的含义 • 分析和评估复杂的思想或事件发生的顺序，并解释个人、思想或事件如何在文本中互动和发展 • 分析作者的做法如何支持中心思想或主张以及文本的有效性（比如语言使用、文学修辞手法、组织）
组织 学生能够组织和建构观点进行有效沟通的证据是什么？	• 整个文本中的论点不明确或不明显 • 思想紊乱，欠发展或比较松散 • 未使用过渡词		• 论点明确，但未能贯穿全文 • 思想有条理，但未能充分发展或分析无逻辑顺序 • 过渡词联结思想，但存在小错误		• 论点明确呈现且始终贯穿全文 • 思想有条理有逻辑顺序 • 过渡词联结思想		• 论点明确呈现且始终贯穿全文 • 思想有条理有逻辑的组织 • 思想有条理，形成一个连贯的整体 • 过渡词引导读者理解文本观点的发展和推理

续表

评分领域	初级水平	E/D	发展水平	D/P	熟练水平	P/A	高级水平
规范 学生能够巧妙地使用语言进行交流的证据是什么?	• 句法和词汇的运用能力有限 • 在语言语法、使用和机制中存在大量错误,导致分散或曲解原意 • 当任务需要引用时,文本引用丢失或不正确		• 具有句法和词汇的运用能力 • 在语言语法、使用和机制中存在少量错误,某种程度上导致分散或曲解原意 • 当任务需要引用时,引用文本证据会伴有一些小错误		• 展示多样化的句法,用词有效;使用修辞手法 • 在语言语法、使用和机制中一般不存在错误 • 当任务需要引用时,始终准确引用文本证据		• 形成有效且流利的语言风格、句法多样、用词精确,巧妙地运用修辞技巧 • 在语言语法和机制中不存在错误 • 当任务需要引用时,始终准确引用文本证据
反思 学生能够深刻反思表现、作为学习者的成长、在未来应用这种能力的证据是什么?	• 知:任务分配下来后,能解释该课主题 • 行:对过程、决策和任务过程中使用的领导力的解释不完整或不清晰 • 思:陈述做得好以及可以改进的地方		• 知:能描述课堂相关语境(学习目标、任务目的或必要的技能) • 行:对过程、决策和任务过程中使用的领导力的解释简明扼要 • 思:解释任务如何影响作为学习者的自我		• 知:能清楚地陈述一般学习目标和任务目的,包括成功所需的学术技能 • 行:对过程、决策和任务过程中使用的领导力的解释尽详彻底 • 思:描述任务如何影响自我和自己的未来,包括作为作家的成长		• 知:能明确地将课堂情境与内容、技能目标以及任务目的联系起来 • 行:对过程、决策和任务过程中使用的领导力的解释该领域的专家一样深思熟虑后再给出 • 思:描述和分析任务如何影响自我和自己的未来,包括作为作家的成长

4.

什么是清除石油最有效的方法：分散剂还是吸附剂？

一、背景介绍

2010 年 4 月 20 日，英国石油公司（British Petroleum，BP）位于密西西比三角洲西南部的"深水地平线"钻井平台发生了一起灾难性事故。一场爆炸和随之而来的大火夺走了 11 个人的生命，而当时在钻井平台上有 126 名员工。大火持续了两天，4 月 22 日"深水地平线"沉入了水底，火势因此而平息，但原油却从 5 000 英尺以下的油井中泄露并漂浮在水面上。尽管最初官方估算的原油泄漏量很少，但后来发现，一个五层高的联通地下石油储存库的马孔多油井向墨西哥湾泄漏了 420 万～500 万桶原油。这些原油覆盖了大约 75 000 平方千米海面，至少影响了路易斯安那、密西西比、阿拉巴马和佛罗里达四个州的海岸线。

当然，围绕漏油事件的主要问题之一是其可能产生的生态影响。现已查明，对所有生命形式来说，无论是直接接触还是吸收原油的接触方式，都是极其危险的。它可以引发许多有机体自然功能上的问题，干扰细胞生理过程或者物理损坏各种细胞，并可导致多种健康问题，包括死亡。"鸟类则会直接接触原油，因为它们漂浮在水上或通过浮在水面上的油层去抓鱼。被原油污染的鸟可能会失去飞行的能力，并且可能在整理羽毛时摄入原油。红海龟和棱皮龟之类的海龟游到岸边筑巢时也会受到影响。被原油污染的乌龟

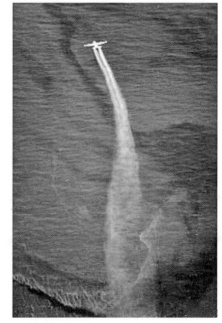

孵卵时可能会对卵造成破坏。腐食动物如秃头鹰，还有海鸥、浣熊和臭鼬也会通过捕食被污染的鱼和其他生物而接触原油。"[1]这些物种只是少数几类海洋生物或邻近水面的海岸生物，但这意味着它们都会直接接触原油。更不幸的是，这次原油泄漏事故发生在世界上生物多样性最丰富的区域之一，可能造成极为可怕的后果。此外，化学分散剂的使用也引起了极大的关注，因为"溢油分散剂实际上不减少进入环境的油的总量。相反，它们改变油的固有化学性质和物理性质，从而改变油的运输、'命运'和潜在影响。少量溢出的油可通过波浪和其他环境过程的作用自然分散到水体中。分散剂使用的目的是增加以物理形式混合到水体中的油的量，降低水体表面与海岸线栖息地，或与鸟类、海洋哺乳动物等生存于水面上的其他生物接触而产生的污染可能性。"[1]如果这些信息是正确的，那么分散剂的使用不但会影响墨西哥湾内的沿海栖息地，而且几乎会影响所有水生生物。本质上，使用原油分散剂是在分散油对水表及沿海生物、海底物种的影响所做的一种折中处理，两者产生的危害影响则呈反向关系。然而，泄漏的巨大原油量已经对底栖区的生态环境造成极大的危害，并且分散剂在当前和今后的使用将影响水体的各种（如果不是所有水平的）水生生物的寿命。这些分散剂与原油结合后所产生的影响不完全是已知的，但普遍认为它们可能具有可从一代生物转移到下一代生物的生理学负面效应。因此，某一物种的各个群体都可能受到影响，不仅是那些与油和分散剂直接接触的生物体。此外，被分散剂包裹的油将进入被称为"全球传送带"的温盐环流，这也令人担忧。"全球传送带"是一股潜流，将海洋底部的营养物质传送至世界各地的地表，这些地区因而具有丰富的生物多样性。"科学家估计，需要1 000年才能完成一个完整的地球环流。然而，尽管缓慢，但它移动了大量的水——超过100倍的亚马孙河流量"[2]，意味着这些生态因素在下一个千年仍然可以存在，并转移到其他具有相对更高层级生物多样性的地区。

通常情况下，资源采购的经济增益与其所具有的生态效应之间存在反比关系。然而，从马孔多油井中提取原油以及随后的英国石油公司原油泄漏事故已经转变为一种既不利于

沿海社区经济也不利于环境的情况。"在2010年5月17日发布的经济损失的初步评估中，穆迪投资服务公司暗示，路易斯安那州、密西西比州和亚拉巴马州尽管可能经历与石油清洁相关的短期经济繁荣，但很快沿海地区的长期经济将会出现衰退。这些沿海地区都有可能出现房产税降低的现象，这将意味着只有通过减少服务或增加收入才能维持目前的信贷评级。"[1] 那么我们可以得出以下结论：这些沿海地区可用的经济机会和资源将会受到严重影响。受困于原油或分散剂对健康的危害，沿海地区居民的房产不再有区域优势，不再被视为商业开发黄金地段，这些地区将会失去众多游客和投资者。随着时间的推移，一个个地区在商业上停滞不前，这些问题就可能会以指数方式凸显。然而，英国石油公司原油泄漏事故的经济负面影响可能比我们认为的更深远。"经济影响最先起于受泄漏影响的地区，随后在整个国家蔓延。2008年，墨西哥海湾地区的商业渔民收获了超过10亿磅的鱼类和贝类。此外，约有570万休闲渔民在2008年进行了2 500万次的垂钓旅行。由于原油泄漏的危害，渔民不得不停止捕捞，酒店、餐馆、娱乐等与旅游相关的企业也受到直接影响。在原油泄漏后的几个星期，生蚝、虾和其他海鲜的捕捞量迅速减少，价格则急剧上涨，甚至导致纽约市餐馆的食品价格随之飙升。仅仅因原油污染威胁，就导致众多的酒店预订在阵亡将士纪念日的那个周末来临之前都被退订。"[1] 因此，不仅海湾地区受到影响，而且由于缺乏海鱼和其他墨西哥湾的水产生物，饮食文化最具多样性的地区也会察觉到各种菜肴的价格上涨。南部沿海地区可能成为旅游和投资的死角，造成其消费品出口大幅下滑，从而导致美国从其他国家进口更多的物资，降低国内的货币储备量。我相信，提出"经济生产的相互关联性比大多数人意识到的更为复杂"的这一假设是相当合乎逻辑的，如由于房地产市场的崩溃导致产生广泛影响的经济衰退，等等。

我们社会的重要资源、财富与环境质量密切相关，生活在受石油泄漏最直接影响的地区的人们的生活方式也随之减少。"由于美国三大联邦机构——DHHS，EPA和OSHA——在空气或水中检测不到任何不安全级别的油，因此，公职人员也就没有听到有关公共健康威胁的警报。也许是联邦政府有关空气和水的标准制定得不够严格，不能保护公众免受石油污染。我们的联邦法律已经过时，不能保护我们免受石油的毒性威胁——这些毒性已经在科学和医学界得到广泛确认。英国石油公司对石油毒性的认识仍处于愚昧无知的时代。英国石油公司官员强调，在石油到岸时，它已被'风化'，而且高度挥发性的化合物，如致癌苯等，也已消失。英国石油公司没有提及分散

的石油、超细颗粒（PAH）和化学分散剂的威胁，包括对人类有很多危害的工业溶剂和专有化合物。如果石油没有毒性，那么为什么要让泄漏应急工人接受危险废物的培训？我们的联邦政府应该停止假装一切都好。这无论是对工人还是对公众都是极不安全的。"[3] 这是海洋毒理学家里奇·奥特（Riki Ott）所做的陈述，她曾出版过两本与埃克森·瓦尔德兹漏油有关的书。正如她指出的，原油和用于"清洁"石油的化学品是影响沿海人口健康的重要因素，与这些物质直接接触甚至间接接触都可能导致海洋生物患上各种并发症，也会危害那些直接接触此类化学品的人群的健康。"已有科学研究表明，Corexit 9500 对水体中的初级生产者能产生高度毒性；此外，研究也显示这会加剧生物对石油中如萘等致癌物质的摄取。要知道，人们所使用的分散剂比原油本身的生物毒性高出约10 000倍。由伊利诺伊州公司生产的 Corexit 9500 和 Corexit EC9527A 都含有 2-丁氧基乙醇——一种已知的在人类中引起呼吸和皮肤刺激反应的化学品。这些分散剂因为对人和自然系统的生物效应已被英国禁止使用。"[1]

由自然资源开采所引发的大的生态灾难，其最终具体后果还有待全面了解。然而，众所周知的是，这些将是消极的，甚至是可怕的。这些行为加剧了环境的恶化，必须成为我们在当今时代最重要的关注之一，因此应该广泛调查，并且必须采用所有可用的方法来修复英国石油公司石油泄漏所造成的损害，以便减慢或阻止环境状况的螺旋式下降。虽然已经进行了一些努力来控制原油的泄漏范围，如使用扬声器、吸收垫或分散剂，但是我们必须找到解决这个问题更有效的方法。我们必须通过教育来让后代承担这些责任，例如我们这一代，我们在大学预修的环境科学课程中研究英国石油公司石油泄漏问题。在一项具有代表性的实验中，不同机构和单位采用了各种净化方法，我们将比较两种不同的清洁方法，以便辨别哪种方法最有效。

尾注

1. Cutler Cleveland（Lead Author）；C Michael Hogan PhD.，Peter Saundry（Topic Editor）"Deepwater Horizon oil spill." In：Encyclopedia of Earth. Eds. Cutler J. Cleveland（Washington，D. C.：Environmental Information Coalition，National Council for Science and the Environment）. ［First published in the Encyclopedia of Earth December 5，2010；Last revised date December 10，2010；Retrieved January 9，2011］. http：// www. eoearth. org/ article/Deepwater_Horizon_oil_spill?topic＝50364

2. Horton，Jennifer. Deep Ocean Currents（Global Conveyor Belt）. How Stuff Works. http：// science. howstuffworks. com/environmental/earth/oceanography/ocean-current3.htm

3. Ott，Riki. The Big Lie：BP，Governments Downplay Public Health Risk From Oil and Dispersants. CommonDreams. org. http：// www. commondreams. org/headline/2010/07/07-4

图片来源

http：// www.flickr. com/photos/greenpeaceusa09/4628052424/lightbox/

http：// www. flickr. com/photos/greenpeaceusa09/4778286681/sizes/o/in/photo-stream/

http：// www.flickr. com/photos/adamhilton/4733280887/sizes/z/in/photostream/

（一）假设

如果我们使用液态清洗剂和棉球这两种方法来清洁油污，因棉球和水、油会相互接触，故液态清洗剂的分散方法将能更好地把油污从水面中清理出来。但仅使用清洗剂会导致油污凝结成更致密的颗粒，冷凝后将沿水体下沉和分散。

（二）材料（每次实验）

（清洗剂）	（棉球）
液态清洗剂：30 mL	棉球：6 个
水：300 mL	水：300 mL
油：50 mL	油：50 mL
托盘：1 个	托盘：1 个
漏斗：1 个	漏斗：1 个
咖啡滤纸：1 张	咖啡滤纸：1 张
量筒：1 个	量筒：1 个
天平：1 架	天平：1 架

（三）实验程序（三次实验／每种清洁物）

清洗剂

1. 准备实验场所，备好图表以记录信息。

2. 使用量筒测量 300 mL 水，并倒入托盘中。

3. 称出初始油位为 50 mL 的油的重量，确保已减去量筒的重量，然后倒入托盘。

4. 量取 30 mL 液态清洗剂。

5. 记录初始水位、初始油位和初始清洗剂容量。

6. 将清洗剂添加到托盘中，并等待 3 分钟。

7. 将咖啡滤纸放在漏斗中，并使用它来分离残留在托盘内水面上的液态油，小心地将表面的油从托盘倒进漏斗里，避免托盘底部还有残余的油。

8. 从漏斗中取出咖啡滤纸，保留剩余的油，并使用天平称重。

9. 记录剩余的油的重量。

10. 清理材料和实验场所，并处理剩余的油和残余物。

11. 重复第 1～10 步，再进行两次实验。

棉球

1. 准备实验场所，备好图表以记录信息。

2. 使用量筒测量 300 mL 的水，并倒入托盘中。

3. 称出初始油位为 50 mL 的油的重量，确保已减去量筒的重量，然后倒入托盘。

4. 取 6 个棉球。

5. 记录初始水位、初始油位和棉球数量等信息。

6. 将棉球添加到托盘中，并等待 3 分钟。

7. 先将棉球从托盘中取出，将咖啡滤纸放在漏斗中，小心地将表面的油从托盘倒入漏斗，用以分离托盘内水面上的液态油。

8. 从漏斗中取出咖啡滤纸，保留剩余的油，并使用天平称重。

9. 记录剩余的油的重量。

10. 清理材料和实验场所，并处理剩余的油和残余物。

11. 重复第 1～10 步，再进行两次实验。

清洁物	初始水位	初始油位	初始清洗剂容量/用量	初始时油重	结束时油重	剩余油量百分比
液态清洗剂	300 mL	50 mL	30 mL	42.7 g	34 g	79.625%
	300 mL	50 mL	30 mL	42.7 g	31 g	72.600%
	300 mL	50 mL	30 mL	42.7 g	33.5 g	78.454%
平均						**76.893%**
棉球	300 mL	50 mL	6 balls	42.7 g	33 g	77.283%
	300 mL	50 mL	6 balls	42.7 g	33.8 g	79.157%
	300 mL	50 mL	6 balls	42.7 g	35.8 g	83.841%
平均						**80.094%**

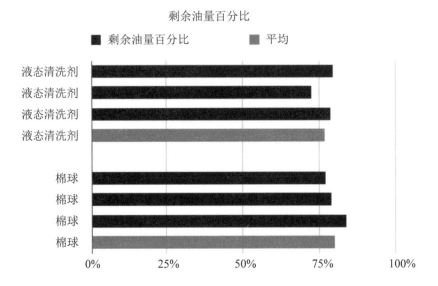

二、结论

由于棉球和清洗剂这两种清洁物之间结果的相似性，实际上相对难以辨别哪种清洁方法是更好的。在清洗剂和棉球的第一次实验中，我们发现清洗剂实验的剩余油量百分比比棉球的高出 2.342 个百分点，若在数百万桶油中，则可以产生巨大的影响。在清洗剂和棉球的第二次实验中，我们发现棉球实验的剩余油量百分比比清洗剂的高出 6.557 个百分点，从而证明了最初的观点，即清洗剂将更好地作为清洁物发挥作用。此外，第三次实验再次证明了清洗剂作为最佳清洁物比棉球低了 5.387 个百分点。因此，可以得出结论：发挥最佳效果的清洁物是清洗剂。如果取三次实验的平均值，就会发现清洗剂的油污清洁无效性为 76.893%，比棉球的无效性 80.094% 低了 3.201 个百分点。我认为这意味着"清洗剂会更有效"的假设是正确的，因为根据我们的实验，棉球的效果略逊。然而，如果考虑到实验的大小规模，就很难证明这个结论了。由于高中实验在数据不充足的情况下很难得到一个最终的判定，其结论对真实世界来说还显得微不足道。两种清洁物的清洁效率差异值为 3.201，并未存在显著的差异，但放置于科学课堂之外，差异则会变得巨大。如果实验更全面地排除不必要的变量，并重复进行多次实验，这个结论可能更准确。这些变量可以是和水体混合的分散油的重量，可以是从咖啡滤纸外部水面溢出的油的重量，或者是清洁物引入浓度的方法（或缺少方法）。由于我们并未有足够的实验经验，因此，我们所做的实验存在人为误差的可能（最有可能），并且很有可能不能反映出这两种清洁物的真实差异。其中，影响数据的重要因素之一是油和存留它的容器。油具有相对高的黏度，它具有"粘连性"。这意味着当油从容器中取出时，还会有油残留在里面。由于没有把这些油量计算进去，这就可能潜在地丢失部分数据，而这些油量应该包括在最终实验数据中。此外从容器中倒出的水也有可能以这种方式影响咖啡滤纸的过滤功能，这可能会让一部分油通过过滤纸，为了数据的准确性我们也要从最终测量中移除这部分油量。如果我们使用受控环境的话，那么将避免发生这些非预期的影响，如专业实验室，而不是高中水平的教室或实验室。实验中所有测量物质的方法也应作为控制环境因素的一部分，包括相同的倾倒速率和使用相同的测量工具。我们没有设置控制组，也就意味着无法将放有分散剂和吸收剂的实验组与不添加任何清洁物的自然分散的控制组来进行对比。此外，作为控制环境因素的一部分，我们没有使用那些能够让油从一个容器无损耗地倒入另一个容器的材料。

当然，实验中产生了一些问题，主要是关于两种清洁物的属性。我们当然知道，吸收垫基本上能够吸收水面浮油，一旦吸收垫吸满浮油它本身也需要从环境中移除。而分散剂不是利用物理方法从环境中去除油污，相反，它是沿着水体逐层分散油污，这让人们怀疑是否应该使用分散剂，因为它似乎没有进行有效地"清洁"，没有把油污从环境中彻底移除。这不就意味着分散剂无助于改变漂浮在海洋表明的油污吗！怎样在油量与 Corexit 分散剂剂量之间找到适当比例才能 100% 移除水面的油污？美国环保局在分散剂的使用上是真的为了清理油污，还是仅仅是一个旨在安抚大众的担忧却没有真正处理问题的公关活动呢？

三、科学反思

一直以来，人类社会把环境利用作为人类的优势。在人类进化的大部分历史中，我们仅仅是消耗裸露或靠近地表的基础资源。然而，随着技术的进步，我们能够获得我们想要的资源类型。人类开始消耗碳氢化合物来制造我们当前所有的产品，这也成为我们忧虑的缘由之一。任何依靠单一办法来获取能源和物质的人都应该仔细想想自己的处境，深刻分析自身在生态系统中的位置和与其他生物之间的关系。了解孕育生命的地球的脆弱性显得非常重要。因为只有这样做，我们才可能理解，这不仅是在保护地球，更是在保护我们人类自己。

不少人开始自我反思，并且通过教育使之持续。在人类社会中，教育旨在培养社会集体意识。类似共价化学键连接两个原子的方法，教育就是这样一种手段。它能让我们避免许多"公地悲剧"，免于陷入在各自为营的团队中明知不利于长远利益却依然共享同一种有限资源的两难境地。然而在工业革命之后——大型机器的产生极大地提高了社会生产力，进而社会进入发生快速变化的时期——教育同样受到流水线模式的影响，获得前所未有的发展。总而言之，人类社会已经做出了一些极其错误的选择，这将最终给我们带来无法扭转的后果。但是，对大多数人而言，我们如今过着以忽视破坏地球的严重后果为前提的珍贵生活，无法轻易放弃。这是当今社会的重大错误，我们在对自然世界的研究中将予以高度重视。

英国石油公司的漏油事件凸显了我们社会的缺点。这一事件证明了我们作为人类有意识地做出的错误选择，只知道互相指责，却不努力改变自己。"如果你不是解决方法的一部分，那你就成为问题的一部分。"这一箴言正是我们应该对环境抱有的态度。我在英国石油公司漏油事件的科学调查中撰写了大量关于在敏感地区使用石油分散剂的不道德行为的报告。基本上，主管清理英国石油公司泄漏的单位却不负责任地引进了一种化学剂，反而在具有丰富生物多样性的地区，对生物体造成了超过一万倍的伤害，并伴随温盐环流最终将有毒物质扩散到全球。不仅仅是对漏油事件的研究能够提供丰富的信息，对现代社会高度依赖石油资源的背景信息的研究也是如此。当谈到社会的可持续发展，如今不稳定的现状成为无可争议的焦点。

我对英国石油公司漏油事件的科学调查充分证明了我具备对那场灾难的各方面进行科学精确分析的知识能力。在论文中，我举出多个实例，来说明泄漏500万桶原油对经济、社会和环境的影响。我阐述了分散剂对生命体的影响，全面解释了分散剂在其中的作用。除此之外，我还分析了在温盐环流的影响下，受分散剂影响的区域将扩大。被化学试剂包裹的原油从海面浸没到海中，随着水体不断扩散开，产生了存在分散剂的多种水层面。被马孔多油井泄漏影响的地区坐落在墨西哥湾，接近全球温盐环流带。接近温盐环流带是一个大问题，环流会加剧分散剂的消极影响，将分散剂传送到地球上其他具有丰富生物多样性的地区。

　　在我的科学调查中，背景信息非常翔实，阐述了有关水生环境以及人造化学品对环境影响的个人理解；充分展示了我对可持续发展、生物多样性、水文相互作用和现代社会不道德行为的认识。这也从两个方面展现了我对科学方法的理解程度。第一方面，非常明显，我运用科学方法，利用分组实验，评估出最好的清洁方法。作为一个团队，我们非常清楚，自己通过科学手段想要分析的内容是什么。换言之，我们需要知道自己尝试回答的问题。为了通过科学方法将问题转化为可量化的状态，我们必须使用"如果……然后……因为"的模式来进行详细周全的假设。这就意味着我们将设计出一个能有效测量两种清洁方法（分散剂和吸收剂）的清洁效率的实验。

　　第二方面，有些事物开始时会意义不明，但可以达到有效理解的结果。在分析科学方法时我意识到，运用科学手段测量变化的方法论，基本上是观察、解释、分析和总结这一整个过程。首先，理解我如何将"大图像"与相关的简易科学实验联系起来，这是一个挑战。我已经在论文中提到，我认识到科学理论只是服务于人类本能的另一种方式而已。在我的整个项目中，我不自觉地也欣然地运用了科学理论。作为一名CAT的理科生，这些科学方法理论我几乎整整运用了 4 年。尽管对高一的印象已在我的记忆中渐渐淡去，但我仍然记得我学习并操作鲁布哥登堡机械时的感觉。我认为，我们学习的基础课程即每一个行动，都会存在连锁反应，并且，任何事情的失败都可以归咎于每一个小失误。我记得在高二，我学习了关于电力以及对我的研究很有帮助的潮汐能的不同理论知识。我们开始对社会获取能源的可持续性和不足之处进行调查。那一年我意识到，我们的社会过于关注创新而忽视了保护人类自己。在高三的时候，情况有点不同了，我们学习了生物学，但同样也给我上了一课。在研究许多传染病时，我理解了生命的坚韧。我意识到所有生命体都是生活在一个极其不稳定的环境之中，环境中任何细小的变化都可能带来严重的后果。这一年，有关英国石油公司原油泄漏的实验教会我，我们必须要知道我们所做的最终会给环境带来什么后果——有些看起来是有益的实际上却是非常具有破坏性的。只有在反省时，我才逐渐明白批判性思考在解释科学的时候是多么重要。通过反思，我开始理解，作为人类，我们从未停止使用科学方法，正如我们不断地评估我们的环境以及它会如何影响我们的个人生活；我们是如何注重创新，以至于我们不再关注如何保存历史。大三稍微有些不同，我们学习了生物。但那也教会了我一个珍贵的道理。在研究若干传染性疾病的过程中，我理解了人生之毅力，理解了每一个生物体都生存在一个不确定的环境中，并且环境中极其微小的变化都可能造成极其严重的后果。这一年，在英国石油公司石油泄漏实验室，我明白了我们必须要参透自身对环境的所作所为，因为一些看起来有益的行为却会造成危害。只有在这些反馈中，我才意识到在科学观点的解释中，拥有批判性思维是多么重要。通过反馈，我意识到在人类不断地运用科学理论、不断地分析我们的环境时，它们也会相应地影响我们。

然而，作为一名 CAT 的理科生，这整整四年中，有一个反复出现的讯息。科学理论有其最基础的形式，就是观察、分析和总结，这些都是人类与生俱来的能力。这些都是我作为 CAT 理科生所不断强化的方面，同时它也随着价值观的输入和知识的获取而不断强化。它是一种在科学理论范围内对自然世界进行有效分析的能力，一种通过理论和实证研究不断提高的能力。在熟悉自然界的过程中，我渐渐也理解了自己关于探究的方法。爱因斯坦说过："所有的科学不过就是日常思考的提炼而已。"

5.

维思学校大学成功档案袋表现性评价：创意表达

通过视觉和表演艺术的学习，我们希望学生能批判性地、创造性地进行思考，能有效地、有说服力地、艺术性地交流思想。我们希望学生能展示出对"艺术思维"和"艺术实践"的理解。学生能将艺术作为一种工具，针对艺术传统和与生活相关的话题进行探索和讨论。

创意表达的表现性任务包括视觉或表演艺术学科、英语语言文学学科或世界语学科中的一件艺术作品和一份书面或口头（记录）的创作自述①。创作自述可以采取博客、日志或散文的形式。成功的自述在艺术作品创造过程中以及过程后完成，所以能反映学生在这个创造过程中的思考。

为了展示对视觉或表演艺术学科的掌握，选择的作品和创作自述必须达成以下期望：

技术

哪些证据证明学生掌握了艺术学科的技术？

- 创造一件要求大量工艺技术的作品；
- 采用特定的技术和方法产生预期的结果；
- 识别和运用工具、材料、特定艺术学科的规范（如：喜剧、舞蹈、二维视觉艺术、三维视觉艺术）来创造一件艺术作品。

过程

哪些证据证明学生在想象、探索和坚持审美观点？

- 设定创作一件艺术作品的目标与过程轨迹；
- 在创作过程中展示专注和毅力；

---

① 创作自述是这次表现性任务要求的一部分。

- 在创造过程中融入反馈、反思和研究。

观点

哪些证据证明学生正在构建和制作一件具有个人意义和意图的艺术作品？

- 创造一件传达个人信息、观点或想法的艺术作品；
- 通过艺术作品本身和创作自述与观众交流观点。

情境和关联

哪些证据证明学生理解艺术作品与艺术和文化传统（当代的或历史的）之间的联系？

- 展示历史的与当代的相关事件、思想和经历对艺术作品的启示；
- 展示了解主要美学问题的知识（如：主体的作用、抽象、观众或创作者的关系）以及它们与艺术作品的关系；
- 展示了解影响艺术作品的美学传统。

反思

哪些证据证明学生理解如何质疑、讨论和评判自己的作品？

- 描述和分析创作艺术作品的过程和作品本身；
- 反思艺术作品的创作过程；
- 利用情绪反应、文化信息、艺术实践规范和艺术标准评估艺术作品。

维思学校大学成功档案袋袋表现性评价：创意表达

规范评分领域，使之用来评价艺术作品本身。

艺术作品

评分领域	初级水平	E/D	发展水平	D/P	熟练水平	P/A	高级水平
规范 （技术）哪些证据证明学生掌握了艺术学科的技术？ "工具"：如画笔、相机、编舞、对话、即兴表演技巧 "素材"：如木炭画、主体、声音 "艺术规范"：如视角、混色、音阶、韵律 "艺术媒介"：如丙烯画、现代舞蹈、纪录片	• 艺术作品表现不完整，表现出对工具、素材和特定艺术媒介规范的不完整和有限地运用 • 学生还未使用工具、素材或艺术规范		• 艺术作品表现出对工具、素材和特定艺术媒介规范的基本应用 • 为了更好地表达观点、想法或个人意义，学生使用了少部分工具、素材或艺术规范		• 艺术作品表现出对工具、媒体、素材、技术、技能和规范的熟练应用 • 艺术作品展示学生使用了工具、媒体、素材、技术、技能或艺术规范等		• 艺术作品表现出对工具、素材、特定艺术媒介规范的大师级别的应用 • 为了更好地表达观点、想法或个人意义，学生以特殊的方式使用了工具、素材或艺术规范

创作自述

接下来的评分领域（论点、证据、组织和反思），使之用来评价创作自述。

评分领域	初级水平	E/D	发展水平	D/P	熟练水平	P/A	高级水平
论点 （观点）哪些证据证明学生正在构建和制作一件具有个人意义和意图的艺术作品？	• 艺术作品是已有信息或作品的复制品 • 学生的观点表达不清楚或模糊 • 艺术作品意图不清晰 • 在创作自述中，学生对观点、意义和意图的解释模糊地体现在艺术作品中		• 艺术作品提出一个普遍的观点 • 学生用基本的方式（口头或书面的形式）表达了作品的意图 • 艺术作品在图式水平表达了一种想法或情感 • 在创作自述中，学生对观点、意义和意图的解释大体体现在艺术作品中		• 艺术作品提出了一特殊的观点 • 学生能用口头或书面的形式清楚地表达作品的意图 • 艺术作品反映了一些对非字面（如心境、隐喻等）属性的考虑 • 在创作自述中，学生对观点、意义和意图的解释体现在艺术作品中。艺术作品在某种程度上依赖于艺术家来传达观点		• 艺术作品提出了一个清晰、细致的观点，表达了一个想法、一种感受或个人意义 • 学生用口头或书面的形式表达作品清晰、特定的意图，提供的证据支持创作意图 • 艺术作品清楚地表达了非字面的心境、隐喻等属性 • 在创作自述中，学生对观点、意义和意图能清楚地反映在艺术作品中。艺术作品身能传达观点
					创作自述用来交流观点		清晰地反映在艺术作品上面。艺术作品本身就能够交流观点
证据 （情境和相关）哪些证据证明学生理解艺术作品与艺术或文化传统的（当代的或历史的）之间的联系？	• 学生描述了个人与作品的联系，但缺少作品与审美或文化传统的联系 • 学生提及了与艺术作品无关的美学思潮		• 学生简要地指出审美或文化传统赋予作品的灵感，作品主要还是源于个人兴趣 • 学生展示了对美学思潮或与作品相关问题的粗浅理解		• 学生大体描述了审美、个人和文化赋予子艺术作品的灵感 • 学生描述了作品与美学思潮或美学问题的联系		• 学生特别描述并展示了审美、个人和文化赋予艺术作品的灵感 • 学生清楚地处理了艺术作品中的相关问题。学生展示了作品如何与现代的和历史的美学思潮或问题相联系的细微的理解

续表

评分领域	初级水平	E/D	发展水平	D/P	熟练水平	P/A	高级水平
组织（过程）哪些证据证明学生在想象、探索和坚持审美观点？	• 学生在发展和创作作品中，依赖他人为其设立目标和提供方向 • 学生在创造过程中被困难打败或感到气馁。学生不接受老师和同伴的反馈		• 学生在阐述开发或创作作品的过程轨迹中存在困难 • 学生在创造过程中为克服困难做出了努力，但是并没有随意性选择具有创意性 • 学生虚心接受老师和同伴的反馈和批评，但是没有证据显示其他将其用于开发和创作作品中		• 学生阐述了开发和创作作品的一般过程轨迹 • 学生在创造过程中运用一些策略努力克服困难时刻 • 学生虚心接受老师和同伴的反馈和批评，并且有证据显示其他将其用于开发和创作作品中		• 学生在阐述了具体开发和创作作品的轨迹并且清晰地陈述了目标 • 学生在开发和创作作品过程中，展示了专注、坚持和决心。他能从错误中吸取教训 • 学生欢迎老师和同伴的反馈，并且利用反馈，批评和研究来推动作品的开发和创作
反思哪些证据证明学生理解如何质疑、讨论和评判自己的作品？	• 学生用基本的方式描述了技术和方法 • 学生用自身情绪反应评价作品		• 学生用日常词汇描述艺术作品以及开发、创作作品的过程 • 学生偶尔依赖外部规范，但是大部分用自身情绪反应评价作品		• 学生用简单的、特定的艺术类词汇描述艺术作品以及开发、创作作品的过程 • 学生用情绪反应、文化信息、艺术实践规范或艺术标准评价艺术作品		• 学生熟练地运用与作品相关的特定学科领域词汇来反思开发作品的过程以及评价艺术作品本身 • 学生用情绪反应、文化信息、艺术实践规范或艺术标准评价艺术作品

6.

维思表现性评价设计模板（2014 年 9 月版）

表现性评价要求学生运用学科技能展示他们能做什么（比如做历史学家、科学家、作家、数学家、艺术家等的工作），而不是展示他们知道什么。

完整的表现性评价由三部分组成：

（1）预设的结果；

（2）任务（产品或表现）：通过这个任务学生能展示他们知道什么和能做什么；

（3）标准：描述满足结果要求的表现是如何的。

表现性评价标题 _____

项目标题 _____

（如果有的话）

年级	时长
学科	作者

结果

1. 测评的技能或标准 学生和教师共同致力于发展与评价的目标技能是什么？ 来自内容标准、共同核心标准、21 世纪技能、规定课程或学校的结果。 包含的原理：为什么这些结果是重要的？	

1a. 学习目标 接下来，将填入表 1 的内容转化成学生友好的语言，即学习结果；"我能"陈述句表述清晰又可测。	长期 （按需添加行，但不要太多）	我能……			
支持 将长期目标分成可管理的学习块，从备课课层面进行思考					

任务

2. 提示——要求学生做什么？（描述产品或表现）

如何邀请学生展示他们能做什么？向学生介绍和解释表现性评价的三个维度：结果、任务和标准。

成功的标准

3. 描述成功是什么样子的

描述一个在上述任务中（表2）出现的成功的学生作品或表现。运用你的想象真实的体验使标准变得具体。选择你心中的一名学生然后想象——尽可能的详细——他会做出何种作品或表现。

3a. 评分规则和领域

哪种评分规则能评价学生在表现性评价中的熟练水平？评分规则描述了要达到表1a中的学习目标意味着什么。如果评分规则已经存在，那么指定它的维度。如果还没有，总结它应该是什么样子的。

注：你不是在评价不同于目标或所教以外的东西。

3b. 满足不同学生的需求
调适、语言支持、阅读支持。

成功之路

当你设计了一个完整的表现性评价（上述 1、2、3 部分），思考如何引导学生获得成功。

4. 叙述

讲述学习过程的故事。描述学生要成功完成这个表现性评价需要如何学习和练习技能。

4a. 资源

你会使用何种资源创造真实的体验，让学习最大化？

田野调查					
专家					
文本					
视频					
网站					
其他					

4b. 学与评的顺序

提醒：评价并不一定要"正式"。思考如何收集证据。你如何知道学生知道什么？什么是"有效的"？而且，一次评价可以测量多个学习目标。

如：作文——包括技能和内容。

日　　期	长期学习目标	支持性学习目标	学习活动或经历 （为学生提供知识和技能，帮助他们达成学习目标）	形成性评价和总结性评价 （学生如何展示他们知道什么和能做什么）

SCALE 表现性评价质量评分规则（2014 年 5 月版）

1. 表现结果清晰而有价值

标准	还需改进	准备使用	范例级别
与标准一致	• 表现性评价部分解决了与标准相关的内容或技能 • 评分标准集中于具体的任务要求或是产品的表面特征，与标准没有关系	• 表现性评价与内容和技能标准相一致 • 大部分评分标准与内容和技能标准相一致，并且反映了年级期望，同时又具有适当水平的挑战性	• 表现性评价设计用一致的方式整合了对关键内容和技能标准的测量 • 评分标准跟关键内容和技能标准一致，代表了高水平的年级期望高度一致，代表了高水平的表现
深度学习结果	• 完成表现性评价要求学生运用一些高阶思维或高阶思维或 21 世纪技能，但是作品中的相关证据有限	• 学生作品提供了一些高阶思维或 21 世纪技能的证据，如批判性思维、问题解决、有效交流、合作和元认知	• 学生产品提供了清晰的高阶思维或 21 世纪技能的证据、有效交流、合作和元认知，如批判性思维、问题解决、合作和元认知
大观念／迁移的策略	• 学生对学科重点的理解有不清楚或存疑之处	• 学生对关键内容、概念或策略的理解已建立，但在学科内或学科之间的迁移能力有限	• 学生对关键内容、概念或策略的理解进一步加深，且在学科内或学科之间具备广泛的迁移性

7.

续表

2. 表现性评价的聚焦度、清晰度和一致性

标准	还需改进	准备使用	范例级别
任务提示语的聚焦度和清晰度	• 给学生的任务提示语不清楚，想要解决的目标大多或太混乱 • 质量期望不清楚，含蓄且没有与学生沟通	• 给学生的任务提示语清晰，解决了想要解决的内容目标 • 大致陈述了质量或精通表现的期望	• 给学生的任务提示语清晰，解决了一系列明确界定且重要的目标，这些目标要求对学科的内容和高阶思维的运用 • 清楚、具体地陈述了质量或精通表现的期望
表现性评价成分与目的的一致性	• 给学生的任务提示语、资源（如果有提供的话指的是文本和材料）和学生的作品不一致，为表现性评价目的的达成提供的支持有限	• 给学生的任务提示语、资源（如果有提供的话指的是文本和材料）和学生的作品支持表现性评价目的的达成	• 给学生的任务提示语、资源（如果有提供的话指的是文本和材料）和学生的作品的目的紧密一致

3. 学生参与度：相关性和真实性

标准	还需改进	准备使用	范例级别
相关且真实的目的和观众	• 与学生的生活经历、兴趣或先前经验没有联系 • 没有提供完成表现性评价的情境 • 观众是老师或没有确定	• 与学生的生活经历、兴趣或先前经验相联系 • 模拟真实世界的评价，让学生参与和完成表现性工作中真实人的工作相联系 • 最后作品的观众是包括老师和班级中的其他同学	• 建立在学生的真实生活经历、兴趣或先前经验之上 • 提供了真实世界的情境、有清楚的"需要知道"的目的、让学生参与学习和完成表现性评价 • 最后作品的观众包括老师和班级同学以外的成员

续表

标准	还需改进	准备使用	范例级别
学科真实性	• 话题或问题与学科有点相关；表现性评价让学生参与的活动或作品与学科没有联系	• 话题或问题和学科有明显的联系；表现性评价让学生参与的活动或作品与学科有明显的联系	• 话题或问题是学科的核心；表现性评价让学生参与的活动或作品是学科的核心

4. 学生参与度：选择和决策

标准	还需改进	准备使用	范例级别
多种选择和决策的机会	• 给学生的任务提示语和资源引导学生朝向一个特定的回答，或者只有一个可接受的答案 • 没有为学生提供做决策的机会	• 给学生的任务提示语允许学生做出多种反应，但是资源预先决定或限制了学生反应的方式 • 提供了一系列限制的决策机会，如话题或资源	• 给学生的任务提示语和资源允许学生做出多种反应 • 为学生提供了明显的机会以做出关键内容和决策的决定来完成任务的同时，引入新的资源或决策策略来扩展他们自己的学习

5. 学生参与度：可接近性

标准	还需改进	准备使用	范例级别
发展的适切性	• 表现性评价的大部分成分（任务提示语、内容、情境、资源）对相应年级的学生过于复杂或过高要求，或过于简单，或不适合学生的社会情感发展阶段	• 表现性评价的大部分成分（任务提示语、内容、情境、资源）对相应年级的学生有合适的挑战性，并且适合学生的社会情感发展阶段	• 表现性评价的所有成分（任务提示语、内容、情境、资源）对相应年级的学生具有合适的复杂性和挑战性，并且适合学生的社会情感发展阶段

续表

标准	还需改进	准备使用	范例级别
资源的可获得性或成本的复杂性（如果有这项）	• 优势资源不可获得或 • 优势资源对大部分学生而言大部简单了 • 资源在形式*、复杂性或挑战性上不具有多样性，而且不太吸引学生	• 优势对大部分学生而言是合适的，具有吸引力和可获得的；一种或多种资源在该年级不可获得 • 资源对相应的年级而言是合适的，复杂性或挑战性上具有并且在形式*、多样性，或许不太吸引一些学生	• 为了增强学生参与度，资源经过了仔细的选择、摘录或改编，并且所有学生都可获取，包括有那些阅读和学习障碍的学生 • 资源对相应的年级而言是合适的，复杂性或挑战性上具有并且在形式、多样性，吸引大部分学生

6. 课程关联性

• 与所教的课程相一致：表现性评价概要中解释了该表现性评价如何与一个单元的学习相匹配
• 与需长期发展的技能相一致：表现性评价概要中所描述的小任务或学习活动与表现性评价具有清晰的联系

7. 自评、互评和教师反馈的机会

• 表现性评价为学生提供了通过自评、互评或教师评价获得反馈的机会
• 表现性评价为学生提供了修改和重新上交作业，反思学习的机会

* 形式的多样性：资源在形式上的多样性为学生提供了多种目的的资源、音频、图像、动手实验等。表现性评价为学生提供了多种方式运用内容参与表现性评价，也就提供了多种表现性评价的切入点（如：代表不同观点或写作目的的资源、音频、图像、动手实验等）。

8.

维思项目规划模板

概览：设计模板应该用来开发高质量的项目。这个模板用作激发人们的思考，而不是用作让人们顺从并照搬的工具。标题的顺序并不意味着这是设计的顺序。这是一个有机的、不断发展的过程。但是，我们确实建议从结果开始，围绕学生如何学习和展示这些结果进行设计。我们提倡对设计过程的持续修改并且对预定结果、学习活动和学习展示之间的一致性进行评价。表现性评价是构成项目的一个学习机会，利用这个文件来判断项目中的表现性评价，并且利用单独的表现性评价设计模板进行全面设计。

项目是一系列经过仔细计划和设计的学习经历，为学生提供多种机会展示与预定结果一致的学习。

项目标题

年　级	
学　科	
作　者	
日　期	

概览

驱动性问题
驱动性问题是概念性的，它引导学生从智力和情感上都投入到有意义的学习过程中去，引导学生寻求理解，帮助其构建"然后怎样"的学习框架。

大观念或持久理解力
我想要学生感知的首要的观念性理解是什么？

叙述或抽象

理想化地向学生描述这个项目是关于什么的：是什么，为什么及如何进行学习。说出要学习的技能或概念。描述学生将如何学习这些技能和概念，并且解释学生将如何展示他们之所学。

结果

项目要解决的标准或技能

学习目标 学习目标引导学习。用学生能理解的语言描述一节课的信息、技能和学生将会深刻了解的推理过程。*			
长期（按需要添加行）	**支持**（按需要添加行）		

* 莫斯和布鲁克哈特：《学习目标帮助学生理解今天的课程》。

成果或表现的描述（针对总结性评价）

项目中的表现性评价（使用表现设计模板）

题　目	学　科	评分规则

题　目	学　科	评分规则

题　目	学　科	评分规则

日历

学习与评价的顺序

日期	长期学习目标	支持性学习目标	学习活动或经历 （为学生提供达成学习目标的知识和技能）	对学习的评价或总结性评价 （学生如何展示他们知道什么和能做什么）

维思日程表样例

周一	周二	周三	周四	周五
第 0 节 8:00—8:55	第 0 节 8:00—8:55	第 0 节 8:00—8:55	第 0 节 8:00—8:55	第 0 节 8:00—8:55
第 1 节 9:00—9:50	第 1 节 9:00—10:30	第 3 节 9:00—10:30	第 1 节 9:00—10:30	第 3 节 9:00—10:30
第 2 节 9:55—10:45	共同体会议 10:30—10:45	第 4 节 10:40—12:10	共同体会议 10:30—10:45	第 4 节 10:40—12:10
第 3 节 10:55—11:45	第 2 节 10:55—12:25		第 2 节 10:55—12:25	
午餐 11:45—12:15	午餐 12:25—13:00	午餐 12:10—12:45	午餐 12:25—13:00	午餐 12:10—12:45

续表

	周一	周二	周三	周四	周五
	第 4 节 12:20—13:10	导师课 13:05—13:50	第 5 节 12:50—14:20	导师课 13:05—13:35	第 5 节 12:50—14:20
	第 5 节 13:15—14:05	艺术课 14:00—15:30	第 6 节选修课 14:30—15:30 （CAT 员工）	艺术课 14:00—15:30	第 6 节选修课 14:30—15:30 （CAT 员工）
	第 6 节选修课 14:10—15:00				
	员工会议 15:15—17:00				

	第 1 节	第 2 节	第 3 节	第 4 节	第 5 节
语言文学	A	E	D	C	B
社会研究	B	A	E	D	C
科学	C	B	A	E	D
数学	D	C	B	A	E
数字媒体	E	D	C	B	A

你需要知道你的课程字母（A～E）才能了解在哪节课上哪门课。

如：字母 B 的科学课在第 2 节，满足条件的有周一（9:55）、周二（10:55）和周四（10:55）。

10.

维思学校九年级导师制课程

主 题	日 期	活 动
第一模块的导师制活动的目的是准备家长—学生—导师会议，该会议从 10 月 25 日开始，要求学生准备一个简短的报告展示公共演讲技能以及描述目标和开学以来的进步 九年级学生将重点放在沟通、合作和项目管理领导力上		所有导师制活动都应该考虑背后的共同体和反思两大主题
共同体 技能：沟通 技能：合作	8 月 31 日	目光接触练习 教室布置 命名游戏练习
共同体 技能：沟通 技能：合作	9 月 2 日	目光接触练习 设置和宣布规范 登记签到 学校期望
共同体 技能：沟通 技能：合作 技能：项目管理	9 月 7 日	目光接触练习 组织或材料 建立文件夹
共同体 技能：沟通 技能：合作	9 月 9 日	导师制目的 反思日志 橡皮泥活动
领导力 技能：合作	9 月 14 日	领导力海报 评论的评分规则

续表

主　　题	日　期	活　　　动
领导力 技能：合作	9 月 16 日	领导力 海报眼 目光接触练习
领导力 技能：合作	9 月 21 日	领导力海报
共同体 技能：沟通 技能：合作 技能：项目管理	9 月 23 日	活动：意大利面和橡皮糖（45 分钟）
共同体领导力 技能：沟通 技能：合作	9 月 28 日	活动：目光接触练习（掌握）（10 分钟） 迄今为止，所有学生应该能够做连续 3 分钟这个练习。让学生保持熟练的水平非常重要 活动：展示观众目光接触练习（35 分钟） 将房间布置成有观众的形式。先自己展示这个练习，接着让志愿者上前进行展示。给学生充分的时间进行练习和展示，这样其他学生就能够明白这个练习的准则。给每名学生大约 10 分钟。大概有 3 名学生能进行展示
共同体领导力 技能：沟通 技能：合作	9 月 30 日	活动：观众目光接触练习（30 分钟） 3～4 名学生 活动：评论家长会的形式和日期（15 分钟） 学生使用笔记卡准备对自身的领导力进行自评。学生回答"当我从 CAT 毕业的时候，我希望能……"这样的问题。项目符号列表应该包括年级期望、技能和大学计划。另外，学生应反思"CAT 为帮助我实现这些目标提供了什么"的问题

续表

主　题	日期	活　动
共同体领导力 技能：沟通 技能：合作	10 月 5 日	活动：观众目光接触练习（25 分钟） 4～5 名学生 活动：头脑风暴展示（25 分钟）
共同体领导力 技能：沟通 技能：合作	10 月 7 日	活动：观众目光接触练习（25 分钟） 4～5 名学生。按照理想预期，所有的学生在今天都已经完成了这个练习 活动：学生填卡片，教师收上来进行评论（25 分钟）
共同体领导力 技能：沟通 技能：合作	10 月 12 日	活动：日历确认——学期末讨论（25 分钟） 讨论话题：这个学期遇到的什么是困难的，什么是容易的，什么是令人惊讶的？ 活动：学生以结对或团体的方式记下 PLP 工作的等级和当前成绩，讨论他们展示的内容（25 分钟） 利用这段时间单独辅导学生工作
共同体领导力 技能：沟通 技能：合作	10 月 14 日	活动：展示时长为两分钟的关于目标与成就的演讲（15 分钟） 掌握公众演讲技能非常重要。将高中期间自己的目标和成就作为你演讲的内容 活动：交换笔记卡，学生准备最后的展示和笔记（30 分钟） 利用这段时间单独辅导学生工作
共同体领导力 技能：沟通	10 月 19 日	活动：学生向咨询观众练习展示并获得反馈（45 分钟）
共同体领导力 技能：沟通	10 月 21 日	活动：学生向导师、观众练习展示并获得反馈（45 分钟）

续表

主　　题	日期	活　　动
	10月25日	家长—学生—导师会议
第二模块的导师制课程中，学生将完成自己作为学习者的自评，发展个人档案并制订个性化学习计划。这些将在家长—学生—导师会议上进行分享		
技能：沟通	11月2日	活动：爱德华·德·波诺的"六顶思考帽" 这个活动需要分三次指导，其设计是为了让学生反思他们的思考类型及多元智能。这种思考类型的活动建立在爱德华·德·波诺的"六顶思考帽"的基础上，其赋予思考类型不同的颜色： • 蓝色：冷酷和控制，设置焦点，"负责" • 红色：情感和感受；预感和直觉；意见。"这是我的感受" • 黑色：魔鬼代言人。为什么不起作用？指出危机和错误。"这可能是错的" • 白色：事实和数据；中立和客观；模拟电脑。纪律和方向。"只是事实" • 绿色：有想法的人；寻找另外的选择；有创造力。如果"我们能用这种方式或者那种方式或者……来做"？ • 黄色：积极、开心、乐观。"无论发生什么，我们都能做成" 你需要剪刀、笔和各种颜色的海报纸。活动结束时需要订书机 与学生讨论六种思考类型，让学生决定符合自身的类型。讨论每种类型的长处（参考分发的资料或谷歌搜索"六顶思考帽"） 让学生在符合他们思考类型的颜色纸上画出手的轮廓并将其剪下。让学生在每一只"手指"上写下他们所属类型的长处 将"手"放在班级安全的地方，下次指导时再用

续表

主　题	日期	活　动
技能：沟通	11月4日	活动：多元智能 让学生做多元智能调查并且进行自我评分。让他们在"手"的掌心位置写下他们最好的两项智能
技能：沟通	11月9日	活动：爱德华·德·波诺的"六项思考帽" 讨论：六种不同的思考类型和智能偏好如何影响你在学校的创造性和问题解决能力？你如何包容与你不同类型的人？你如何运用有关类型和偏好的知识在学校里获得成功？ 询问学生是否有喜欢的名言，激励和引导他们。如果他们没有，建议在书中或网上找一个。在下次指导的时候，带上自己的名言或者将名言写在"手"的中心。这样"手"就变得完整了，可以将"手"张贴在教室里了
技能：沟通	11月16日	活动：创造"手" 这个活动需要几个订书机 让学生带上完整的"手"，并将"手"张贴在教室中，围绕房间一圈的"手"增加了共同体的气氛。"手"张贴完毕之后，让学生阅读所有的"手" 反思团队的力量、类型的多样性以及激励人心的名言
技能：合作	11月18日	活动：个人反思和个性化档案 用"手"引出下个单元指导，其设计目的在于鼓励学生进行自我反思和设立目标 一开始，让学生讨论和起草个性化档案，这将成为他们CAT记录的一部分。这个档案是他们个性化学习计划（PLP）的一部分，将以电子档案的形式保存4年。这个档案应该包括： • 长处 • 挑战和压力因素 • 核心价值、领导力、个人品质、学习类型 • 健康反思 • 重要事件或生活故事 每位导师可能采取不同的方式。重点在于让学生针对每一点进行思考，然后写1~2页的草稿

续表

主　题	日期	活　动
技能：沟通	11 月 23 日	活动：个人反思和个性化档案 让学生完成个性化档案。所有学生完成档案后在大组或小组中进行分享。这可能需要 1～2 节导师课
技能：沟通	11 月 30 日	活动：完成和分享个性化档案或故事 完成活动。下一步就是让档案进入电子化 PLP。导师可能会安排上机时间
技能：创造性	12 月 2 日	活动：个性化档案电子化 让档案进入 PLP
技能：项目管理	12 月 7 日	活动：介绍目标设定 回顾学期目标 确认成绩
技能：项目管理	12 月 9 日	活动：起草个人目标 完成学期计划
技能：项目管理	12 月 14 日	活动：起草学术目标
	12 月 16 日	活动：庆典 学期末
	1 月 4 日	活动：参与讨论；学校事务
技能：项目管理	1 月 6 日	活动：回顾目标和成绩 增加至个性化档案或故事 学生开始写有关学习技能的日志
技能：项目管理	1 月 11 日	活动：为第二学期设立目标
技能：项目管理	1 月 13 日	活动：第二学期的目标
技能：沟通 技能：项目管理	1 月 18 日	活动：讨论便利化和团队活动：要求什么

续表

主　　题	日　期	活　　　动
技能：沟通 技能：项目管理	1 月 20 日	活动：练习项目技能
技能：沟通 技能：项目管理	1 月 25 日	活动：报告项目技能
技能：沟通	1 月 27 日	活动：SPACE——倾听的方式
技能：沟通	2 月 1 日	活动：积极倾听
技能：沟通	2 月 3 日	活动：积极倾听
技能：沟通	2 月 8 日	活动：解决冲突
技能：沟通	2 月 10 日	活动：解决冲突
技能：沟通	2 月 15 日	活动：骚扰或欺凌
	2 月 17 日	活动：添加至个性化档案或故事
技能：沟通	3 月 1 日	活动：分享档案的新内容
	3 月 3 日	活动：上传计划至电脑
技能：沟通	3 月 8 日	活动：回顾目标 回顾"手" 为学期末做准备
技能：沟通	3 月 10 日	活动：准备汇报
技能：沟通	3 月 15 日	活动：在小组、团队中准备或分享汇报
技能：沟通	3 月 17 日	活动：回顾公共演讲 学期末
技能：沟通	3 月 22 日	活动：练习汇报
技能：沟通	3 月 24 日	活动：练习汇报
	3 月 28 日	家长—学生—导师会议

续表

主　　题	日期	活　　动
最后一个模块的导师课程中，九年级学生发展个性化学习计划和＿＿＿＿＿＿＿＿		
	4 月 5 日	活动：
	4 月 7 日	活动：
	4 月 19 日	活动：
	4 月 21 日	活动：
	4 月 26 日	活动：
	4 月 28 日	活动：
	5 月 3 日	活动：
	5 月 5 日	活动：
	5 月 10 日	活动：
	5 月 12 日	活动：
	5 月 17 日	活动：
	5 月 19 日	活动：
	5 月 24 日	活动：
	5 月 31 日	活动：
	6 月 2 日	活动：
	6 月 7 日	活动：
	6 月 9 日	活动：为年末做准备 为下一年更新档案或目标
	6 月 14 日	活动：更新个性化档案
	6 月 16 日	活动：分享下一年的目标
	6 月 21 日	活动：分享下一年的目标

11.

设计项目的 6A

［由未来的工作（Jobs for the Future）的阿德里亚·斯坦伯格提出。已获得使用权。］

真实（Authenticity）

➢ 项目源自对学生有意义的问题吗？

➢ 问题可能是成人在工作中或社区中真正需要处理的吗？

➢ 学生创造或产生的东西具有学校情境以外的个人或社会意义吗？

学术严谨（Academic Rigor）

➢ 项目引导学生掌握和运用一个或多个学科或内容领域的核心知识吗？

➢ 项目挑战学生去运用一个或多个学科核心的探究方法吗？（如：像科学家一样思考）

➢ 学生发展了高阶思维技能和思维习惯了吗？（如：搜索证据、采用不同的视角）

应用学习（Applied Leanring）

➢ 学习发生在半结构的问题情境中，并建立在学校以外的生活和工作之上吗？

➢ 项目引导学生获得并使用高表现工作组织所期望的素养吗？（如：团队工作、合理使用科技、问题解决和沟通）

➢ 工作要求学生去发展组织技能和自我管理技能吗？

积极探索（Active Exploration）

➢ 学生花费大量时间做田野工作吗？

➢ 项目要求学生投入真正的探究，使用大量的方法、媒体和资源吗？

➢ 项目期望学生通过汇报或表现来交流他们的所学吗？

成人关系（Adult Relationships）

➤ 学生接触和观察具有相关专业技术和相关经验的成人吗？

➤ 学生有与至少一位成人密切合作的机会吗？

➤ 成人参与学生作品的设计和评价吗？

评价实践（Assessment Practices）

➤ 学生定期使用他们参与设立的清晰的项目标准对自己所学进行反思吗？

➤ 课堂之外的成人帮助学生感知针对这类工作的真实世界的标准吗？

➤ 是否存在通过一系列方法（包括展示和档案袋）对学生的作品进行定期评价的机会？

6A 项目检验工具

说明：调查项目时，使用以下表格来记录你看到的每个 A 的因素的证据。

A	属性	证据
真实	➤ 项目源自对学生有意义的问题 ➤ 问题可能是成人在工作中或社区中真正需要处理的 ➤ 学生创造或产生的东西具有学校情境之外的个人或社会意义	
学术严谨	➤ 学生习得并运用一个或多个学科或内容领域的核心知识 ➤ 学生运用一个或多个学科核心的探究方法（如：像科学家一样思考） ➤ 学生发展高阶思维技能和思维习惯（如：搜索证据、采用不同的视角）	
应用学习	➤ 学习发生在半结构的问题情境中，建立在学校以外的生活和工作之上 ➤ 学生获得并使用高表现工作组织所期望工作的素养（如：团队工作、合理使用科技、问题解决和沟通） ➤ 工作要求学生发展组织技能和自我管理技能	
积极探索	➤ 学生花费大量时间做田野工作 ➤ 学生使用大量的方法、媒体和资源参与真实调查 ➤ 学生通过汇报交流所学	

续表

A	属　　性	证　据
成人关系	➤ 学生接触、观察具有相关专业技术和相关经验的成人 ➤ 学生与至少一位成人有密切合作的机会 ➤ 成人参与学生作品的设计和评价	
评价实践	➤ 学生定期使用他们参与设立的清晰的项目目标准对自己的所学进行反思 ➤ 课堂之外的成人帮助学生感知针对这类工作的真实世界的标准 ➤ 存在通过一系列方法（包括展示和档案袋）对学生的作品进行定期评价的机会	

12.

项目共享协议

这个共享协议意在帮助你描述一个项目。为了帮助听众理解你对项目的思考和反思，请添加任何你觉得对项目设计和实施而言重要的信息。

1. 开头你要告诉听众你"正在做什么"，或者你想让他们特别注意的地方。这可以帮助听众将注意力集中在你想得到反馈的地方。

2. 用简要的大纲来描述这个项目。内容要包含年级、项目内容、主题、话题或重要的问题以及作为项目结果的重要作品。你以前做过这个项目吗？如果有，你做这个项目有多久了？

3. 描述在这个项目中学生的收获。什么是完成项目所要求学习及运用的重要学术概念、过程和倾向（思维习惯）？

4. 这个项目如何与学校学术标准相联系？请描述完成这个项目的学术标准及其来源（如：国家、州或地方）。

5. 描述这个项目所做的任何调整以及做出这些调整背后的原理。

6. 如何给学生提供持续的反馈来评价他们的作品？描述所有用于评价学生学习的策略和技巧。如何评价作品成果？为了评价，收集了哪些证据以及如何用于评价？

7. 描述如何开发这个项目的脚手架。这个项目的哪些成分能支持和保证高质量的学生作品？需要做出哪些调整？是什么样的调整？调整之后你希望看到什么样的结果？

8. 你是如何处理"应试教育"的压力？你如何让学生做好准备？你的项目如何帮助学生准备？

学生：_____　　　导师：_____　　　课程：_____　　　模块：_____

城市艺术与科技高中整体评分规则

13.

评价类别	没有学分 作品没有达到标准	C 作品刚刚达到标准	B 作品质量好	A 作品质量优秀
知识的掌握 • 信息报告（包括文章）、实验和汇报，测试和小测验 成绩：_____	• 测试和小测验分数大部分低于基本要求 • 内容掌握的评价大部分是 **1**	• 测试和小测验分数刚刚达到要求或略微高于要求 • 内容掌握的评价大部分是 **2**	• 测试和小测验分数大部分是熟练或更好 • 内容掌握的评价大部分是 **3**	• 测试或小测验分数大部分是高级或更好 • 内容掌握的评价大部分是 **4**
知识的应用 • 作品和展出评价 • 信息应用（文章、实验和汇报） 成绩：_____	• 显示很少或没有理解 • 理解的评价大部分低于 **1**	• 在某些评价中展示了刚刚达到最低要求的理解 • 理解的评价大部分是 **2**	• 在大型、小型或一对一讨论、文章、档案袋或项目中展示了对内容的理解 • 理解的评价大部分是 **3**	• 在大型、小型或一对一讨论、文章、档案袋或项目中展示了复杂和深入的理解 • 理解的评价大部分是 **4**

续表

评价类别	没有学分 作品没有达到标准	C 作品刚刚达到标准	B 作品质量好	A 作品质量优秀
元认知 一段时间内的进步 • 反思（课堂，日志，项目） • 自我修正 成绩：____	• 没有试图提高对内容的掌握，也没有展示元认知 • 很少完成日志、课堂以及项目后后的反思	• 没有展示在内容掌握、理解或展示元认知上的提高和成长 • 完成日志、课堂以及项目目后的反思	• 展示在内容掌握、理解或元认知上的提高和成长 • 对日志、课堂以及项目进行深入的反思	• 展示在内容掌握上极大的提高和成长、展示理解或元认知 • 对日志、课堂以及项目进行深入且通常是有见解的反思
领导力 每一学期聚焦所选择的领导力 成绩：____	• 领导力评价大部分是 1	• 领导力评价大部分是 2	• 领导力评价大部分是 3	• 领导力评价大部分是 4
大学工作习惯 投入 参与 准备和作业 成绩：____	• 很少参与大型或小型团体 • 很少参与工作（讲座，团体，研究，写作，项目等） • 很少完成家庭作业和课堂作业。这往往是不可接受的	• 有时候积极参与大型或小型团体 • 有时候参与工作（讲座，团体，研究，写作，项目等） • 有时候按时完成全部的家庭作业和课堂作业	• 经常通过讨论、研究、记录、鼓励或汇报的方式积极投入到大型或小型团体 • 经常参与工作（讲座，团体，研究，写作，项目等） • 经常按时完成全部的家庭作业和课堂作业	• 总是通过讨论、研究、记录、鼓励或汇报的方式积极投入到大型或小型团体 • 总是参与工作（讲座，团体，研究，写作，项目等） • 总是按时完成全部的家庭作业和课堂作业

教师签名：_____　日期：_____

总体成绩：

评论：

14.

维思核心价值观

我们的使命

通过使学生做好大学和生活成功的准备，维思学校变革学生的生活——尤其是对那些家中第一个考上大学的学生。

我们的信念

我们相信　通过创造真实而公开的项目，形成深厚的关系，期望学生通过表现来展示对挑战性学术工作和 21 世纪领导力的掌握，我们引导学生投入变革性的学习体验。

通过进入大学，在大学获得成功，并最终从大学毕业，我们的学生变革他们自身的生活轨迹，并最终变革他们所在的社区。

我们的核心价值观

我们热情地迎接我们的使命。为了完成我们的使命，我们和同事、学生、家长以及合作组织运用这些核心价值来指导我们每天的行动和决策。我们是——

负责任的　我们设立高目标。我们坚持高期望。我们通过不懈努力来实现我们的目标并定期检查我们的进步。我们履行我们的承诺。我们不找任何借口。

尊敬他人的　我们有尊严地对待每一个人。我们诚实和直接。我们心怀善意。我们不忘初心。

合作的　我们相信合作会产生协同效应以及更好的解决方法。我们寻求他人的专业技术来确保我们工作的有效性。如果有需要，我们以团队的形式进行合作，并为他人考虑我们的决策后果。

持续的学习者　我们坚定不移，我们深思熟虑，我们能从成功和失败中学习经验。学习不断地让我们变得更聪明、更强大。我们创新。我们从不放弃。

15.

维思学校的决策

我们的承诺

- 考虑意外的后果
- 尽可能使用最聪明的团队做出最佳的决定
- 讨论和决策时遵守纪律
- 使用核心价值观

维思核心价值观

我们是——

- 负责任的
- 尊重他人的
- 合作的
- 持续的学习者

这个团队	做出有关以下内容的决策
CEO	➤ 任命或解雇管理团队 ➤ 管理团队缺少时间投入的项目
管理团队	➤ 组织未来目标和方向 ➤ 重大预算影响 ➤ 职位增减 ➤ 重大法律事宜 ➤ 对多个团队有重大影响的项目 ➤ 教育模式的重大变革 ➤ 公关风险问题

续表

这个团队	做出有关以下内容的决策
团队领导	➢ 团队预算 ➢ 任命或解雇职员 ➢ 团队日常的运作 ➢ 团队专业发展 ➢ 薪水和人事决定 ➢ 开除学籍（具体是校长）
团队	➢ 团队领域内的政策，拥有合适的专业技术，通过网络标准化 ➢ 团队工作计划的实施 ➢ 教育模式的修改（具体是校长团队）
团队成员	➢ 既定个人工作范围内的项目
委员会	➢ 策略性方向 ➢ 任命或解雇 CEO ➢ 委员会成员 ➢ 信托事宜，如监督或管理：预算、投资、政策、审计员 ➢ 法律规定的项目 ➢ 开除 ➢ 任务管理

16.

会议的基本规则

1. 对影响保持开放的态度——愿意改变你的立场。

2. 不仅仅提出主张，还要探究他人的想法。

3. 不仅仅只有结论，还要拿出你的推理。

4. 界定重要词语的意义。

5. 检验假设和心理模型。

6. 聆听是为了理解，而不是为了争论。聆听不意味着等待。

7. 运用数据指导决策。

8. 在会议中而不是在会议之外进行讨论和产生分歧。

9. 简明扼要。没有战争故事。不要重复。

10. 关注兴趣，而不是立场。

11. 在讨论中放慢脚步。

17.

会议议程模板

管理团队日程
2013 年，星期四
9:30 至中午，鲍勃办公室

驱动性问题：
·

核心价值观：
我们是——

负责任的：我们设立高目标。我们坚持高期望。我们不懈努力来实现我们的目标并定期检查我们的进步。我们履行我们的承诺。我们不找任何借口。

尊重他人的：我们有尊严地对待每一个人。我们诚实和直接。我们心怀善意。我们不忘初心。

合作的：我们相信合作会产生协同效应以及更好的解决方法。我们寻求他人的专业技术来确保我们工作的有效性。如果有需要，我们以团队的形式进行合作，并为他人考虑我们的决策后果。

持续的学习者：我们坚定不移。我们深思熟虑，我们能从成功和失败中学习经验。学习不断地让我们变得更聪明，更强大。我们创新。我们从不放弃。

今天的目标：
·我能
·
·

时　间	项　目	活动、过程、阅读
7:30—7:45	登记签到	·
7:45—8:45		·
8:45—9:00	会议结束	· 支持 · 过程确认

18.

NSRF 调整协议指南

本协议由国家学校改革学院附属的教育工作者实地开发。

参与这样一个专业合作的结构化过程可能会产生恐慌和焦虑，尤其是要呈现学生作品的教师。有一套共同的指南或规范有助于每个人以尊重的方式参与并有利于产生有用的反馈。

以下是一套指南，教师可能想开发一套自己的指南。无论如何，使用协议前，该小组应该遵循指南和时间表。主持人在过程中必须随时提醒参与者关注指南和时间表。

尊重展示者

通过把自己的工作更加公开化，教师会接触到以前不习惯接受的那类批评意见。如果遇到不恰当的评论或问题，协调人应该确保这些评论或问题被阻止或收回。

贡献实质性的话语

拒绝提供空泛的赞美或沉默。没有经过深思熟虑的探究问题和评论，展示者无法从中受益。

感激协调人的作用

尤其在遵循规范和帮大家计时方面。如果一个调整协议没有使所有的成分（展示、反馈、应答、讨论小结）都得以恰当的实施，这对教师展示者和参与者都是无益的。

协调人需要保持对话的建设性

打击的反馈和造成伤害的反馈之间有一个微妙的平衡。保持两者之间的平衡是协调人的职责。会议结束时，展示者应该能在反馈的基础上进行有效的修改。

不要跳过讨论小结

一旦反馈这个部分结束，人们往往就转入下一个议题。如果你这样做，应答的质量不会提高，展示者也不会得到越来越有用的反馈。

调整协议：叙述

本协议由吉恩·汤普森-罗夫和戴维·艾伦开发。

调整协议最适用于提高特定教师或学校创造的项目和评价。比如，它常常用于检查写作提示语、开放性问题和其他作业类型、研究项目设计以及各类活动和项目的评分规则。但对于深入了解特定学生的理解、兴趣或技能的方面就不怎么有效。对这些目的而言，合作评价会议的结构则更加适合。

调整协议聚焦于展示教师所选择的课程、教学或评价片段。通常情况下，教师会选择一些学生不会的东西，目的是帮助展示教师提高或有效"调整"他的课程或评价（因此命名为"调整协议"），从而使得所有的学生都达到期望。如果展示教师想要修改他已经做过的一些事情，调整协议的结构或许会提供有效的反馈。

• 团队的工作范围至少部分由展示老师提前构建的"聚焦问题"来确定。比如："这个项目如何支持学生在数学中运用和发展批判性思维技能？"

• 展示一系列学生作品（特别是不同成就水平的不同学生的作品），有助于团体成员的理解，帮助他们"调整"展示教师的课程或评价。展示者需要带来足够的学生作品、任务、提示、评价工具或评分规则以及学生学习目标、标准或期望。

• 调整很重要的一部分来源于参与者给展示老师的"温暖"和"冷酷"的反馈（在他们听了教学情境和看了学生作品之后给出）。反馈试图回应展示老师所聚焦的问题，但也不仅仅局限于此问题。

• "温暖"的反馈要求参与者说出教师设计的那段教学或评价以及学生作品的优点；"冷酷"的反馈要求参与者说出教师目标和学生成就之间的差距以及缩小差距的方法。

• 展示教师听完所有的反馈后不要急着回应。相反地，该教师接下来要做的是对听到的内容进行反思。在这个过程中，其他参与者只聆听。

• 最后一步要求所有参与者"讨论小结"对话，思考这个结构如何帮助他们实现协议的目标。

调整协议：调整一个计划

本协议由 NSRF 附属的教育工作者实地开发。

调整计划有两个基本成分：一系列的目标以及一系列以你认为会帮助学生达成目标的顺序排列的活动。总目标是从你的同事那里获得反馈，有关于你建构的活动可能帮助团队达成目标的程度的反馈。当目标和活动一致时，这个计划是"协调的"。

时间：约 1 小时

角色：展示者、参与者（4～5 人组成小组坐在一起）、小组协调人（也是与会者）和大组协调人

向大组进行展示（10 分钟）

- 计划的情境；
- 驱动计划的目标；
- 反馈的聚焦问题。

注：这个问题应该是上述总目标更加具体的版本。参与者保持安静。

澄清来自大组的问题（5 分钟）

- 澄清问题是事实，把实质性的问题留到后面；
- 协调人负责保证澄清问题环节是真的在澄清。

检查计划（7 分钟）

- 与会者阅读计划，在计划与既定目标"协调"的地方以及可能有问题的地方记好笔记。

暂停来反思反馈（2～3 分钟）

小组的反馈（15～20 分钟）

- 每位参与者谈论展示者的计划（好像展示者不在房间内），从计划可能满足目标

的方式谈起，接着说出可能的断层和问题，然后以一两个供展示者反思的探究性问题结束。没有必要一定要按照严格的顺序来，但是参与者应该从一些积极的反馈开始谈起。

- 展示者可以在房间四处走动，聆听小组的反馈，但是要保持沉默，不要回答问题或参与对话。
- 协调人需要提醒参与者展示所聚焦的问题。
- 记录者记录"温暖"的反馈和"冷酷"的反馈。

每组选择一个"温暖"的反馈和"冷酷"的反馈跟大组进行分享。

在大组中分享反馈（5~10分钟）

- 每组分享一个"温暖"的反馈（围成圈）。当第一轮反馈完成后，每组分享一个"冷酷"的反馈（再次以相反的方向围成圈）。

反思（10分钟）

- 展示者谈论他从参与者的反馈中学到了什么。

这不是进行自我辩护的时间（这是帮助展示者，辩护是不必要的），而是从反馈环节中探索更有趣的想法。

任何时候展示者都可以面向整个小组展开对话（或不展开）。

讨论小结（5分钟）

- 协调人以小组、大组的形式引导关于这次调整经历的讨论。

〔当用在进行持续专业学习的社区（如批判性朋友团体）且有专业的教练推进时，协议将变得最有效。想要更多了解针对新、老教学指导的专业学习社区和研讨会，请访问国家学校改革学院网站 www.nsrfharmony.org〕

视频目录

一位维思学生和教师讨论了如何为档案袋答辩的"最后一刻"做准备。伊冯反思了她作为一名学生和学习者的成长过程。

观看贾斯汀是如何通过艺术解读但丁的《地狱》的作业帮助学生获得对这部史诗及其主题的深刻理解，从而使他们写出更具洞察力的文本分析论文的。

维思教育与斯坦福大学合作开发的表现性评价和标准与深度学习技能相联系，因此所有的维思教师都能运用同样严谨的评价工具。观看教师合作讨论和评价学生的作业或作品。

这段视频记录了竞选广告项目从开始到展出的整个过程。观看学生在针对摇摆不定的目标选民进行小组深度访谈研究的基础上合作设计出专业的政治商业广告。贾斯汀反思了设计和实施项目式学习的过程。该竞选广告项目将作为一个案例在第三章接下来的内容中呈现。

在规划会议上，一群老师（包括鲍勃和贾斯汀）正一起为九年级的一个项目创设一个驱动性问题。

教育与生活的相关性至关重要。影响力学院的学生拉希尔讲述了为一个美联社政府项目审视和分析移民法的经历——作为移民家庭中的一员，这个话题对他来说很有意义——并反思深度学习对他来说是"内化信息"。

视频 11：卡罗尔·德韦克关于对表现性评价的看法 ·· 093

　　斯坦福大学的心理学家、成长型思维的研究者卡罗尔·德韦克分享了维思的教育方法，重点是关于她对向学生传递高期望所产生的积极作用的见解。

视频 12：达卡瓦的数码故事《我是黑种人》 ·· 094

　　通过讲述和拍摄视频，达卡瓦想要说服世界各地的人们摒弃对黑种人男性青年的刻板印象。让我们来看看他是如何看待未来、规划未来以及如何实现目标的。

视频 13：达卡瓦的答辩 ·· 095

　　2008 年达卡瓦的档案袋答辩小片段突出了他所引用的詹姆斯·鲍德温的语录以及做一个能产生积极影响的非裔美国人的誓言。

视频 14：蒂安娜在第一次档案袋答辩中的失败及修正 ·· 098

　　在这个视频里，我们可以了解到维思的学生如何与他们的老师一起准备档案袋答辩；也可以了解到对学生而言，失败如何成为他们通过答辩的一个"非常有益的经验"。蒂安娜重新上交了一份更有说服力的档案袋，并取得了成功。

视频 15：维思校长的毕业致辞——修正，修正，再修正 ·· 100

　　城市艺术与科技高中的前任校长埃里森·罗兰向 2012 级毕业班汇报了"一曲修正的颂歌"，她描述了学生们为了在毕业舞台上画上圆满的句号所经历的严格但有益的修正过程。

视频 16：维思偶像 ·· 107

　　维思教职工在"维思偶像"活动中展示他们的才能。

视频 17：导师制——检查和支持 ·· 117

　　在维思学校，导师制是我们针对学生构建的支持文化的一种具体方式。这个视频来自教学频道的"深度学习"系列节目，内容是一位维思学校的教师谈论通过导师制创建一种积极的文化以及讲述导师制给学生和教师带来的好处。

视频 18：维思的工作场所学习体验 ·············· 126

5 个维思学生在描述他们为期 12 周的工作场所学习体验时，向大家证明了他们可以在真正的工作场所中获得成功。由于在维思做好了准备，除了学到了宝贵的工作场所技能之外，这些学生还能在工作岗位上做出有意义的贡献。

视频 19：教师合作 ·············· 132

这是一种密切合作！教师和学习专家在每年年初一起制订课程计划和目标。他们合作建立跨学科的联系，同时创建可以达成多个内容和技能学习目标的项目。

视频 20：校准——评价档案袋答辩 ·············· 132

为了让维思教师对档案袋和答辩的期望与要求形成共识，并以同样的方式使用评价工具，教师们需要校准他们对学生作业的评价标准。这个视频提供了了解该过程的一个窗口。

视频 21：沙奈斯，曾用厌恶的态度看待美好未来 ·············· 156

沙奈斯来到维思学校后，从对未来感到厌恶到充满希望，从对生活没有做好准备到毕业后准备迎接新的挑战，她的身上发生了巨大的转变。

视频可在网站：http://www.wiley.com/go/transformingschools 或扫描二维码获得。

索　引

C

E

H

I ──────────────────────────────

R

T

Z

Zunino，Kyle

　　凯尔·朱尼诺　111，153

湖南省版权局著作权合同登记图字：18 - 2018 - 371

图书在版编目（CIP）数据

变革学校：项目式学习、表现性评价和共同核心标准 /（美）
鲍勃·伦兹（Bob Lenz），（美）贾斯汀·威尔士（Justin Wells），
（美）莎莉·金斯敦（Sally Kingston）著；周文叶，盛慧晓译. —
长沙：湖南教育出版社，2020. 3（2022.12重印）
（21 世纪学习与测评译丛）
书名原文：Transforming Schools：Using Project-Based
Learning，Performance Assessment，and Common Core Standards
ISBN 978 - 7 - 5539 - 6480 - 5

Ⅰ. ①变… Ⅱ. ①鲍… ②贾… ③莎… ④周… ⑤盛…
Ⅲ. ①教育评估—评估方法—研究 Ⅳ. ①G40 - 058. 1

中国版本图书馆 CIP 数据核字（2018）第 255727 号

BIANGE XUEXIAO
XIANGMUSHI XUEXI BIAOXIANXING PINGJIA HE GONGTONG HEXIN BIAOZHUN

书　　名	变革学校：项目式学习、表现性评价和共同核心标准
策划编辑	李　军
责任编辑	何　莉
责任校对	胡　婷　鲍艳玲
装帧设计	肖睿子
出版发行	湖南教育出版社（长沙市韶山北路 443 号）
网　　址	www.bakclass.com
电子邮箱	hnjycbs@sina.com
微 信 号	贝壳导学
客服电话	0731 - 85486979
经　　销	湖南省新华书店
印　　刷	湖南省众鑫印务有限公司
开　　本	787 mm×1092 mm　1/16
印　　张	17. 25
字　　数	300 000
版　　次	2020 年 3 月第 1 版
印　　次	2022 年 12 月第 4 次印刷
书　　号	ISBN 978 - 7 - 5539 - 6480 - 5
定　　价	88. 00 元